Emiliano Maiolo

DISTORSIONES VISUALES

Alteración fotográfica
máscaras y retratos

INDICE

Son correctos los encuadres del Kenduskeag al atardecer,
¿Kodachrome con tanto de sensibilidad y tanto de diafragma
Si es así, entonces Derry es correcta,
porque bellos cuadros como ese hay en abundancia.

IT – Stephen King

¿No buscas salida, Zaratustra?
Zaratustra no encuentra salida.
Nunca nadie ha encontrado una salida.
El laberinto mismo es una salida.

Así habló Zaratustra – Friedrich Nietzsche

Figura 1- Distorsiones Visuales © Emiliano Maiemyphoto Maiolo

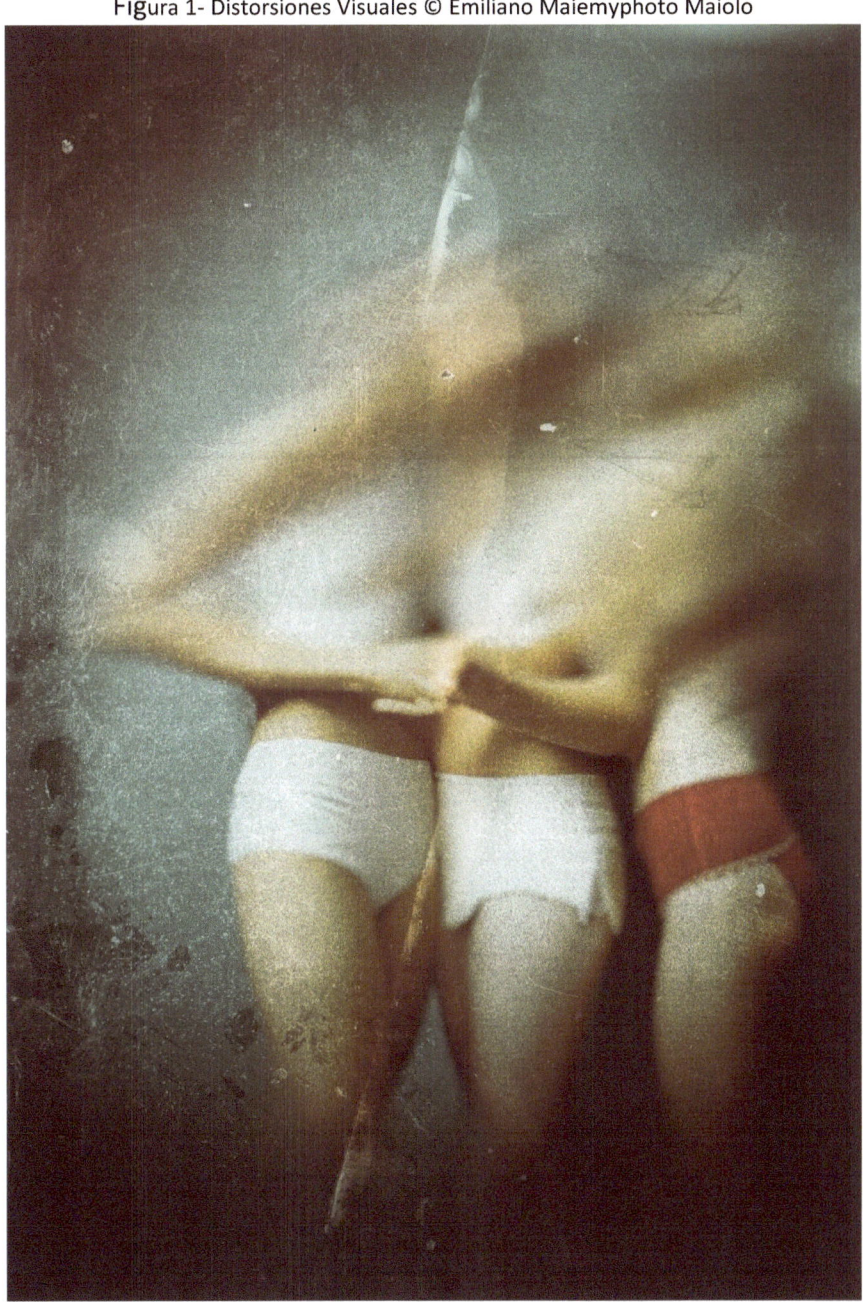

Prefacio
Por el Dr. Riccardo Parrini

"Todos los caminos son iguales: no llevan a ninguna parte. Puedo decir que he recorrido caminos muy largos en mi vida, pero nunca he llegado a ninguna parte. ¿Tiene corazón este camino? Si lo tiene, es el camino correcto; si no lo tiene, es inútil".

Este pasaje, tomado de una obra del gran Carlos Castaneda, encarna de manera ejemplar el mensaje que, ni siquiera de manera demasiado oculta, Emiliano ofrece a los lectores en este libro suyo.

El mundo distorsionado en el que vivimos, a menudo o, para los menos afortunados siempre, de manera inconsciente, no nos permite captar las infinitas oportunidades que una mirada más atenta puede brindarnos a cada uno de nosotros.

A veces, este viaje, difícil pero no imposible, de despertar interior tiene lugar en lo más profundo de los meandros de nuestro ego, donde la mayoría de los hombres no logra mirar, ya sea por distracción o por temor a encontrarse cara a cara con realidades inesperadas.

El autor, por otra parte, con sus obras, nos lanza un mensaje nuevo, todo por descubrir y que puede ayudar a quien está ciego a tocar una parte del verdadero ser gracias a su arte visual, una acción inmediata que la fotografía efectúa sobre nuestros sentidos pero que, si se vive con ojos nuevos y profundos, entra mágicamente en circulación y, a través del corazón y el cerebro, puede llegar a lugares interiores aún inexplorados.

Por lo tanto, no solo mirar con otros ojos, sino también y sobre todo dejarse mirar, ésta es la atractiva tarea que corresponde al lector; para que pueda obtener una visión especial, la de la "forma humana", la matriz que mantiene unida la fuerza de la vida, condensándola en la silueta femenina. Vivir esta situación requiere un esfuerzo, pero permite la experiencia de ser penetrado sin defensas para dejarse guiar a ese lugar en el que es posible reconectar con algo recóndito, originario, algo que se acerca a la "voz de la naturaleza en el alma humana" como diría Freud.

Sin embargo, también hay otro mensaje en las fotos contenidas en este libro, una pregunta que deberíamos hacernos de vez en cuando, aunque sólo sea por un instante: ¿cuánto hay de auténtico en lo que mostramos a los demás sobre nosotros mismos a diario? ¿Quiénes somos realmente sin la "máscara"? Incluso desde aquí es posible, con valentía, emprender un viaje sorprendente que, en contra de lo que cualquiera podría pensar, da confianza, paso a paso, dejando tras de nosotros huellas de emociones vividas y aún vivas, palpitantes, seductoras. El libro de Emiliano puede ciertamente representar un posible mapa de este viaje, por lo que, con afecto, recomiendo al lector no cargarse de equipaje... y partir.

Figura 2- Distorsiones visuales © Emiliano Maiemyphoto Maiolo

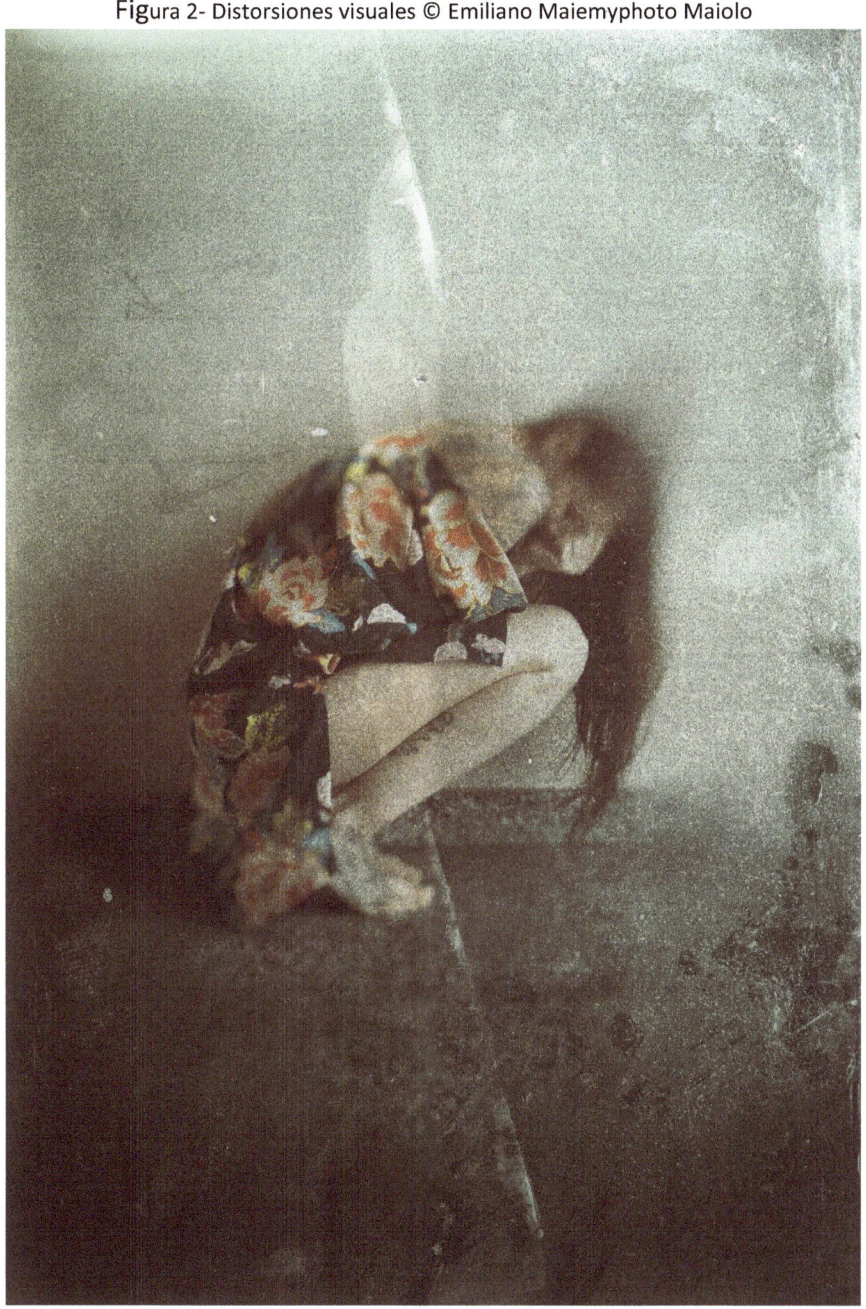

Introducción

Los primeros escritos de este trabajo se remontan a finales de 2020, cuando tomé la decisión de dar forma tangible a las ideas en las que baso mi trabajo fotográfico. No tenía ninguna ambición de enseñanza o divulgación artística, pero acariciaba el deseo de resumir el pensamiento en algo que pudiese recoger a voluntad para recorrer de nuevo el camino que me llevó a algunas de mis creaciones.

Con el tiempo todo se transforma y no podía eximirse de hacerlo también este trabajo. De notas desordenadas y a veces incoherentes ha surgido, día tras día, la narración atada por un hilo rojo de continuidad y me he sentido con el deber, y no oculto el placer, de ordenar las redacciones y en consecuencia también las ideas. Y así, poco a poco tomaron forma los capítulos y las notas de cómo componerlos, pasando de una primera idea esbozada hasta la definitiva unión entre lo escrito y el recorrido.

Lo que tenéis en la mano no es una autoproclamación de mí mismo, sino el deseo de contar un viaje y unas ideas que son la base de creaciones visuales convenientes para contar un punto de vista y emociones internas. Por lo tanto, no lo vean como una pomposa donación de saber, sino como una charla extemporánea sobre una desviación fotográfica de lo cotidiano y de la rutina de todos los días.

Dicho que el resultado final ha partido de notas colocadas aleatoriamente en una hoja de cálculo, hay que decir que en su conjunto el deseo es dar una visión diferente del panorama contemporáneo de la fotografía. El deseo es mucho y el capricho de hablar de la fotografía observándola con otros ojos, y desde otros puntos de vista, se apoderó de mí, empujándome a dar sentido a un viaje personal. No es que hasta ese punto los trabajos no fuesen hechos con criterio y dedicación, sino que estaban hechos para quedar relegados a la intimidad de mis habitaciones y de mi estudio.

El arte fotográfico es siempre banalizado y resumido malamente en frases estereotipadas como *escribir con la luz o captura de la realidad*, pero la verdad es que esta forma narrativa merece un podio propio y una dignidad distinta de la que hoy se le atribuye. Hermanita menor de formas de arte de élite siempre ha estado al margen porque no es digna por su simplicidad de ejecución; nada más equivocado e irresponsable. La fotografía tiene de su lado la fuerza del alma y de las emociones que las otras formas de arte no tienen. No malinterpreten el discurso. Cuadros y esculturas transmiten fuertes emociones, pero son de sentido único porque nacen del observador y son consumidas por el mismo. Es verdad que en un cuadro encontramos el espejo y el recorrido humano del artista, pero en su representación solo encontramos el *hecho* mientras las emociones son del observador. En la fotografía el juego de la emotividad es bidireccional. Entre observador y fotografía hay un intercambio de doble sentido de reactividad, la de quien mira como en el caso de la pintura, pero es fuerte aquella de quien en la fotografía es retratado y cede al fotograma lo que tiene dentro. En la fotografía no solo está *el hecho*, sino también y sobre todo quien lo cumple. Y esto hace de la fotografía un arte popular en un sentido amplio, y no de baja extracción, incluso de elevada "iconoclasicidad" (concédanme) hacia el arte en sentido amplio. No solo está al alcance de todos, sino que es también fuente de reflexión sin filtros y sin prejuicios. Se convierte así en el medio ideal para la narración de las emociones y capaz de hacer emerger lo que se esconde en el interior.

Sobre esta forma de ver y sobre estas bases, he querido narrar un pasaje entre lo visible y lo invisible que las personas tienen dentro. Ir en contra de algunos de los patrones preestablecidos de la sociedad y de las formas fotográficas. Quizás en un sentido polémico, o quizás sólo en una ingenua incapacidad para aceptar las distorsiones sociales que está sufriendo la fotografía a causa de pseudoartistas y fotógrafos arrogantes que juegan a coleccionar figuritas, orgullosos de sus caros equipos y altivos en su relación con el sujeto a representar.

La fotografía es para todos y es simple: observo, deseo, represento. Aquello que no es sencillo es la redacción de cada uno de los puntos de estos tres pasajes *Observo* es subjetivo y requiere atención y práctica, características que cada vez escasean más en la sociedad moderna debido a las constantes distracciones a las que estamos sometidos. *Deseo* es un poco menos subjetivo y viene forzado por el entorno en el que estamos inmersos; deseamos lo que nos hacen creer que necesitamos y con frecuencia ni siquiera somos nosotros quienes decidimos si lo queremos o no, sino que inconscientemente se nos impone. *Represento* es destructiva. Los más frágiles caen en la trampa de la copia acorde a lo dictado por las redes sociales y por cuanto el bombardeo diario de los medios nos obliga a la convención. Los menos frágiles quedan turbados entre la aspiración de cambiar y el miedo a ser juzgados como diferentes e incapaces. A los más fuertes no les importa, pero deben responder al juicio más difícil de todos: el de sí mismos.

Mi trabajo no tiene ningún deseo más que el de querer empujar al observador a un razonamiento interior y al deseo de cuestionar aquello que se vive cada día de la propia existencia.

Figura 2- Distorsiones Visuales © Emiliano Maiemyphoto Maiolo

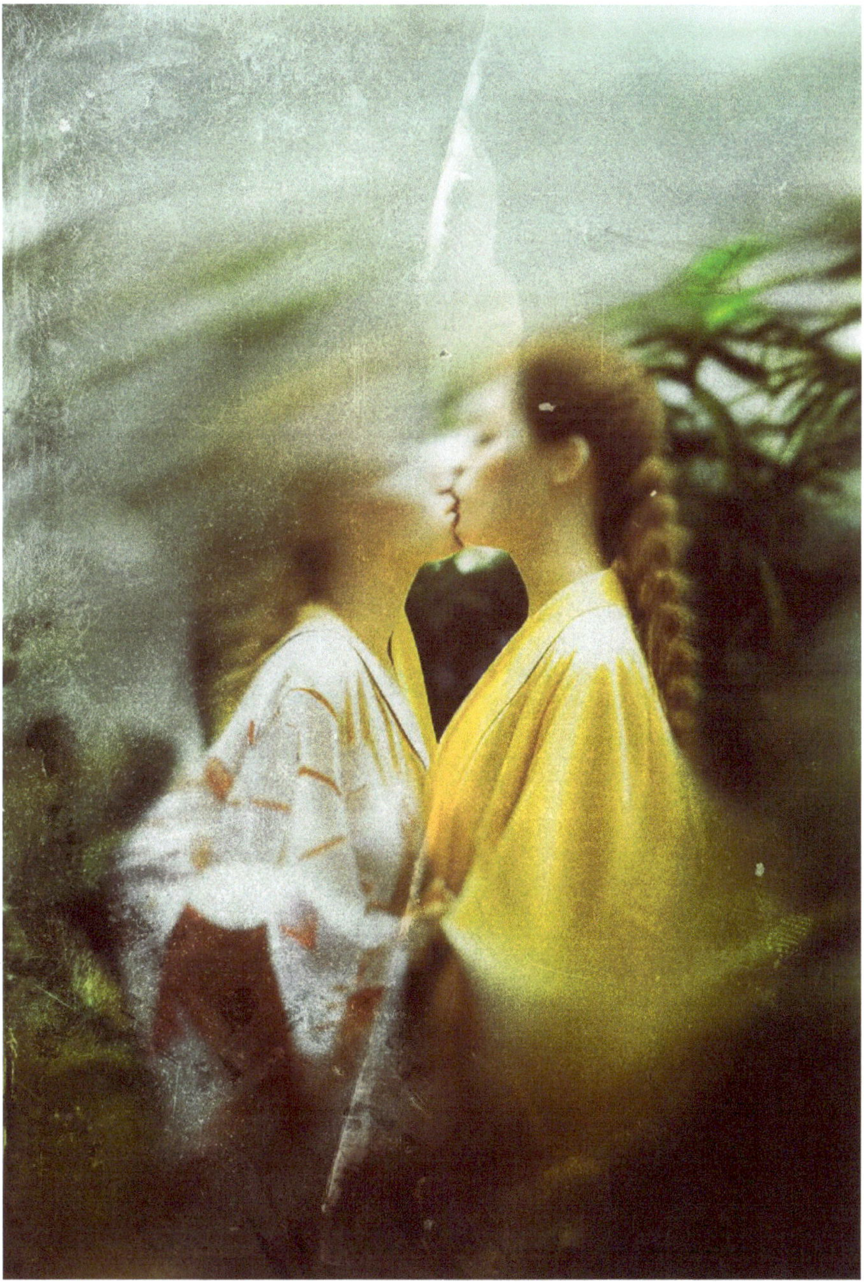

1

(La repetición)

Entre las definiciones del término *repetición* considero más significativa y armoniosa aquella que se refiere a una frase, concepto, expresión que se repite con monótona insistencia. En el ámbito científico, la repetición de experimentos es necesaria para confirmar o refutar un estudio, pero nada impide que el mismo enfoque metodológico pueda ser utilizado también en el ámbito fotográfico uniendo rigor de investigación con proyectos narrativos para imágenes.

La mayoría de las personas que mira a la fotografía la asocia con el acto efímero de la toma de la imagen, sin planificación y limitado al fotograma capturado sin detenerse en el contexto de su realización y lejos del *corpus* del trabajo narrativo que pueda haber detrás. Una rapidez y superficialidad que ha crecido y se ha autoalimentado con la difusión global de la posibilidad de tomar fotos a través de los smartphone que todos llevan consigo en su vida cotidiana. Una difusión detallada y revolucionaria cien veces superior a la idea inicial lanzada por la industria fotográfica con la introducción de las películas de 35 mm que han invadido el mercado con la promesa de cambiar la vida cotidiana de la gente común. Desde siempre la fuerza de la fotografía reside en la inmediatez tecnológica y en el mito de detener para siempre el tiempo para conservar momentos importantes de la vida. Sin embargo, antes, debido al número limitado de poses disponibles, las fotografías se tomaban durante eventos importantes como las fiestas familiares, Hoy son tomadas para todo, migrando del concepto de conservación del momento fugaz para sí mismos al concepto de documentación con el fin de difundir el flujo de la propia vida (como si fuera información fundamental para el resto del mundo).

Sin embargo, incluso en este flujo narrativo de la vida cotidiana contado a través del smartphone, existe una repetición constante. Encontramos dos tipos diferentes: el primero, en el que el sujeto es el propio fotógrafo; el segundo, en el que el sujeto es el mundo que le rodea. El selfie es el ejemplo concreto de repetición cuyo sujeto es el fotógrafo donde quien toma la foto repite constantemente el gesto de posar, que tiende a ser siempre el mismo, en cada evento, lugar o momento del día. Una repetición basada en el sujeto contenido en la imagen. El segundo tipo de repetición se basa en el mundo que nos rodea y el fotógrafo basa su narrativa en lo que ve y que considera necesario inmortalizar en un fotograma. Una réplica constante del acto que hace que los gestos sean sujetos activos de la repetición.

Gestos inconscientes que dan seguridad a quien toma la fotografía y que, de manera morbosa, tanto en acepción obsesiva como patológica, establece una relación con el paso del tiempo. Se repite el gesto, y la repetición es seguridad, la seguridad se convierte en certeza y la certeza se convierte para muchos en la realidad alejada del contexto y del tiempo. Por lo tanto, no es de extrañar que haya fotógrafos que presentan imágenes realizadas en los mismos contextos, con el mismo *modus operandi*, con los mismos tipos de sujetos y con los mismos resultados finales. Necesidad de seguridad patológica y nada más. Un recorrido visual que si se realiza conduce a un callejón sin salida.

El enfoque común de la fotografía repetitiva que nos rodea niega la propuesta de obras bastante diferentes en el contexto y el mensaje que utilizan una metodología rutinaria del disparo. Pensamientos y reflexiones se convierten en los cimientos de proyectos más articulados basados en la constancia metodológica donde la especulación se transforma en una propuesta narrativa y visual, pero estas obras encuentran poco espacio en el océano de imágenes estereotipadas con las que nos bombardean todos los días.

Figura 3- Distorsiones Visuales © Emiliano Maiemyphoto Maiolo

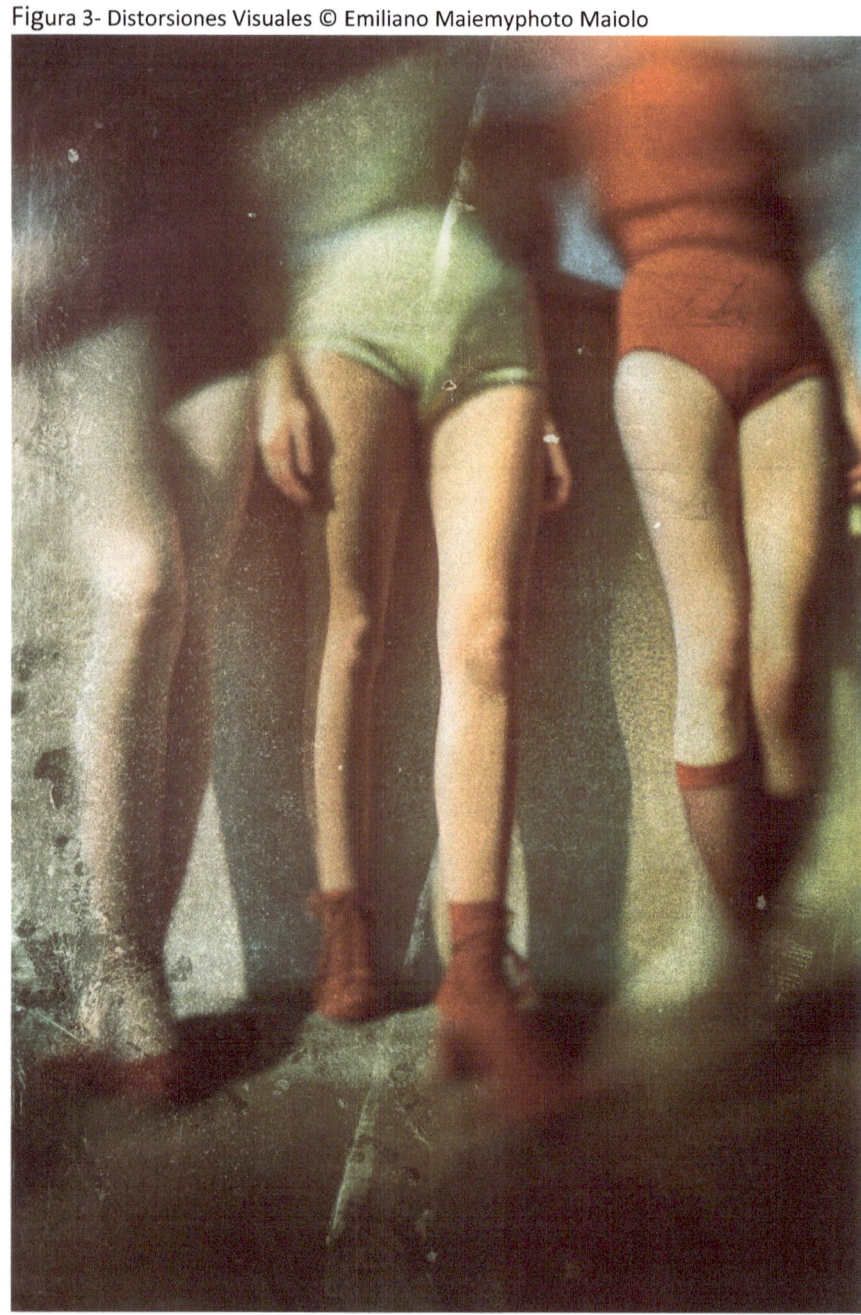

Figura 4- Distorsiones Visuales © Emiliano Maiemyphoto Maiolo

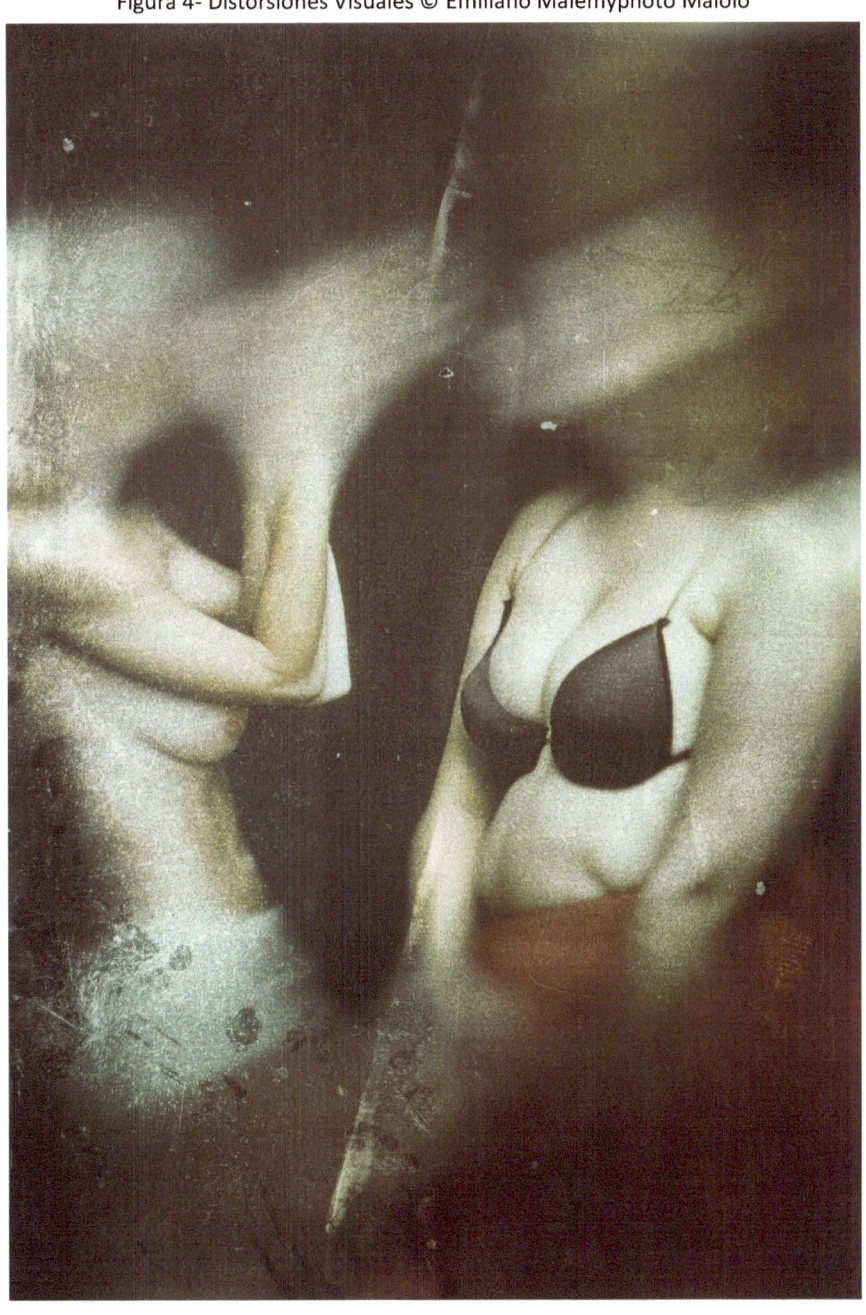

Los proyectos que confieren a la imagen un contexto y una narrativa documental basada en la repetición necesitan escenarios e instalaciones de difusión que puedan hacerlos emerger, pero sobre todo que no los disipen. Necesitan captar la atención del observador que demanda el tiempo justo de asimilación para adentrarse en el trocito de realidad narrado por el fotógrafo a través de su proyecto

De hecho, este tiempo es esencial exactamente del mismo modo que lo es cuando se documentan divulgaciones científicas relativas a demostraciones de teoremas.

El acto de repetición fotográfica tiende a ofrecer la prueba de algo que el autor quiere transmitir al mundo exterior, ya sea la prueba de la diferencia o la prueba de la similitud, pero a diferencia del enfoque masivo en el que la prueba es un seguro (o un reaseguro) para el propio fotógrafo, aquí en cambio el objetivo es poner de relieve la existencia de emociones, acontecimientos y actos que tomados individualmente tendrían un mensaje muy limitado pero que unidos entre si son la confirmación de la existencia de un fenómeno mucho más articulado.

El paso hacia la revelación es consecuencia del trabajo artístico. Contextualizada, incluso una sola fotografía del *corpus* puede revelar la observación morbosa del fenómeno por parte del autor, pero solo cuando nos encontramos frente a la totalidad de la colección que emerge con toda su fuerza la teoría en la que el fotógrafo ha basado la narración, apoyándose en la repetición como acto esencial y protagonista de la creación.

Gracias a este enfoque narrativo, al observador se le presenta la documentación producida por la obra junto con el descubrimiento de poder dar *espacio*, o quizás mejor dicho *tiempo*, al análisis prolongado de acontecimientos, personas, objetos o emociones que comúnmente pasan a su lado pero que se pierde debido a la velocidad de la vida cotidiana.

Una frontera muy lábil es la que separa la repetición convulsa guiada de manera compulsiva por las redes sociales y la necesidad de emerger del fotógrafo de la repetición metodológica a la que confiar la narración y la demostración de una teoría o la evidencia de un evento. El difícil papel del observador es dividir imágenes nacidas y construidas para complacer a las nacidas de bases narrativas sólidas y de un espectro narrativo más amplio. Al mismo tiempo el observador se sumerge lentamente en el contenido descubriendo cómo puede encontrarse en la expresión del sujeto que observa. Una especie de espejo de las propias emociones representado por una figura diferente de la que uno está acostumbrado a observar, con la inmensa ventaja de poder plantearse preguntas sobre la propia identidad y la imagen de sí mismo que transmitimos al mundo exterior.

Figura 5- Distorsiones Visuales © Emiliano Maiemyphoto Maiolo

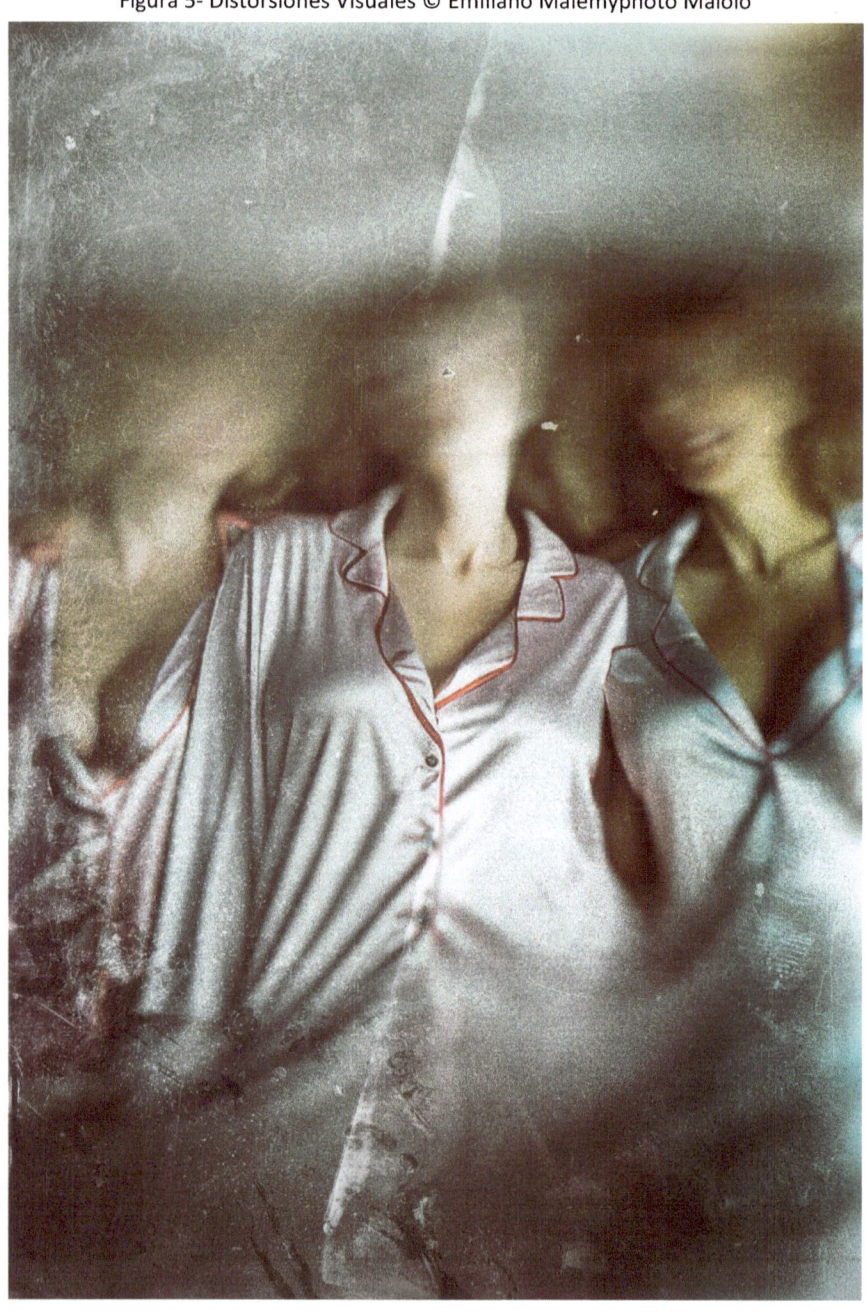

Figura 6- Distorsiones Visuales © Emiliano Maiemyphoto Maiolo

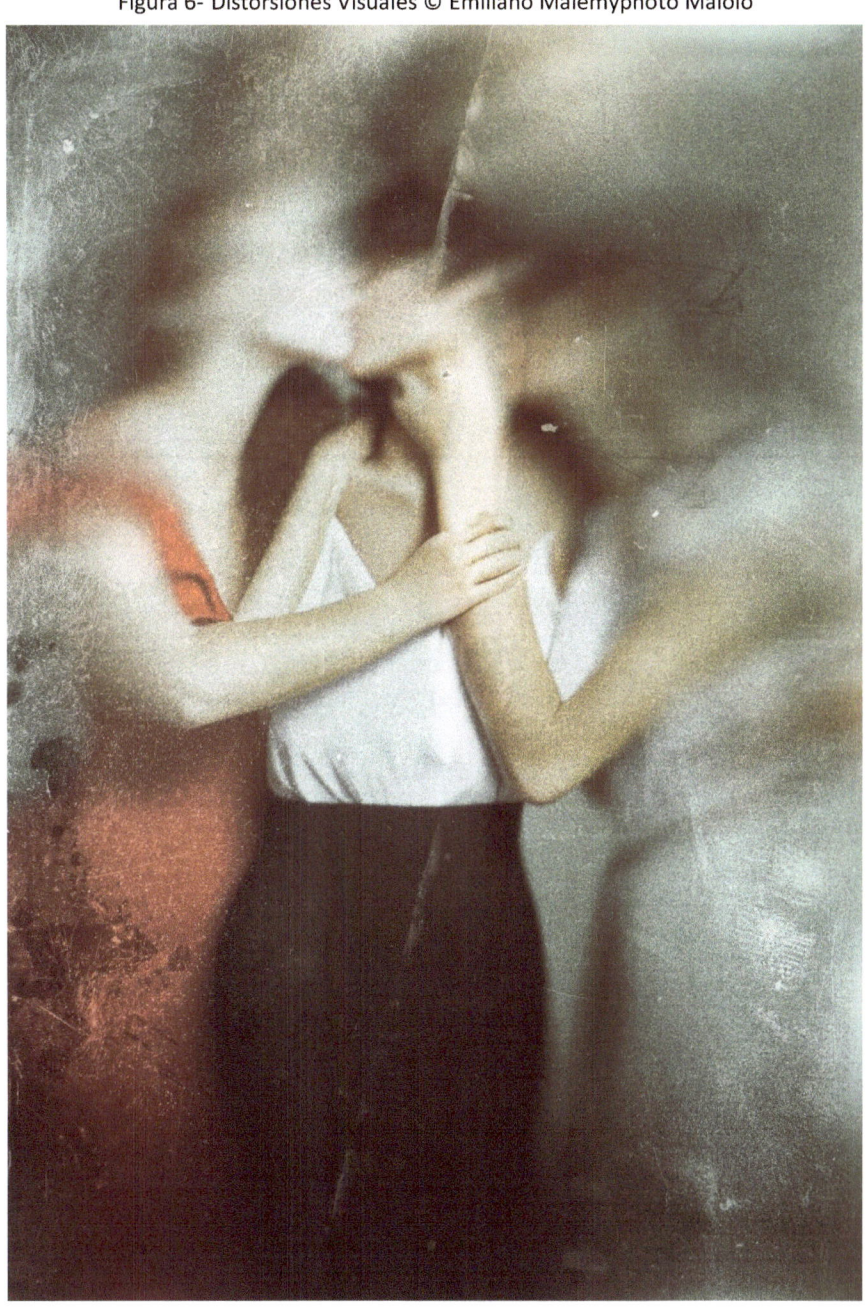

Figura 7- Distorsiones Visuales © Emiliano Maiemyphoto Maiolo

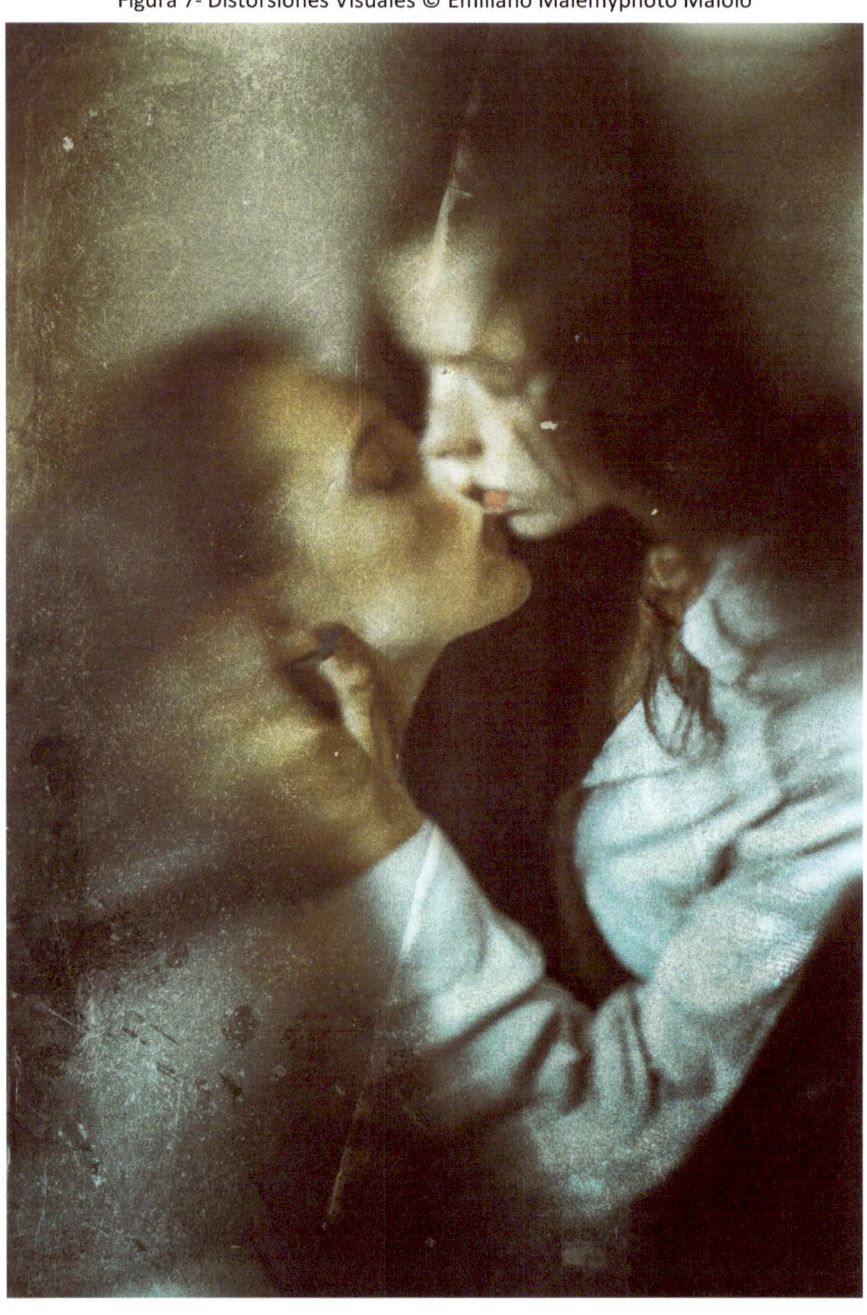

2

(El retrato)

El recorrido histórico realizado por la fotografía, aunque breve comparado con las otras formas artísticas de imagen, ha sido muy articulado y se sumergió inmediatamente en el tejido social cambiándolo radicalmente. La tarea de representar la realidad que se había confiado a la pintura fue bruscamente entregada a la fotografía debido a la irresponsable atribución de la herramienta de lo real. Con la cámara fotográfica se puede "científicamente" demostrar la realidad y por traslación del pensamiento la existencia incontrovertible de lo verdadero. Nos damos cuenta demasiado tarde, o quizás todavía no lo hacemos, de la ambigüedad que la fotografía lleva consigo y de cómo puede llevar mensajes totalmente engañosos.

La invención de la fotografía invierte la verdad y la realidad. Todos nos encontramos hoy en día demostrando nuestra existencia y nuestra identidad en función de la imagen propuesta al mundo. Como nuestros documentos de identidad, por los cuales nosotros existimos porque en ellos hay una fotografía que pretende demostrar la realidad;

yo existo porque hay una fotografía en el documento que certifica que *soy yo*. Es una paradoja absurda, como cuando la policía nos para para un control rutinario y su pretensión es que yo, la persona que tienen delante, tangible y concreta, debo parecerme a la foto del documento que entregué y sólo por ese parecido existo y soy quien digo ser. Esto es porque el cetro de la realidad y de lo real está en manos de la fotografía del documento de identidad y ya no en las nuestras como personas físicas.

La fotografía, por tanto, ha asumido el papel de certificación de la existencia y como medio principal para comunicarnos con el mundo. Así, se hace evidente cómo la fotografía de nuestra imagen es el medio en el que confiamos para comunicar nuestra identidad al mundo, impregnada, sin embargo, de la ambigüedad inherente al medio fotográfico. Nos ponemos delante de la cámara dando la imagen de nosotros que deseamos sea lo que los demás ven de nosotros, vinculándonos a ella como a nuestra verdadera identidad. Pero se convierte en un juego peligroso porque observando el resultado de la toma, en el momento en que no nos gusta la persona que vemos retratada, la rechazamos enérgicamente; el instrumento que es capaz de representar la realidad exactamente como se revela al mundo es repudiado como si lo que tomó e inmortalizó no existiera realmente. El vínculo que hemos construido con la imagen ideológica de la realidad que nos gustaría transmitir es tan fuerte que ante una evidencia "científica" intrínseca del medio llegamos a renegar de él, atribuyendo quizás al fotógrafo la incapacidad de utilizarlo.

Figura 8- Distorsiones visuales © Emiliano Maiemyphoto Maiolo

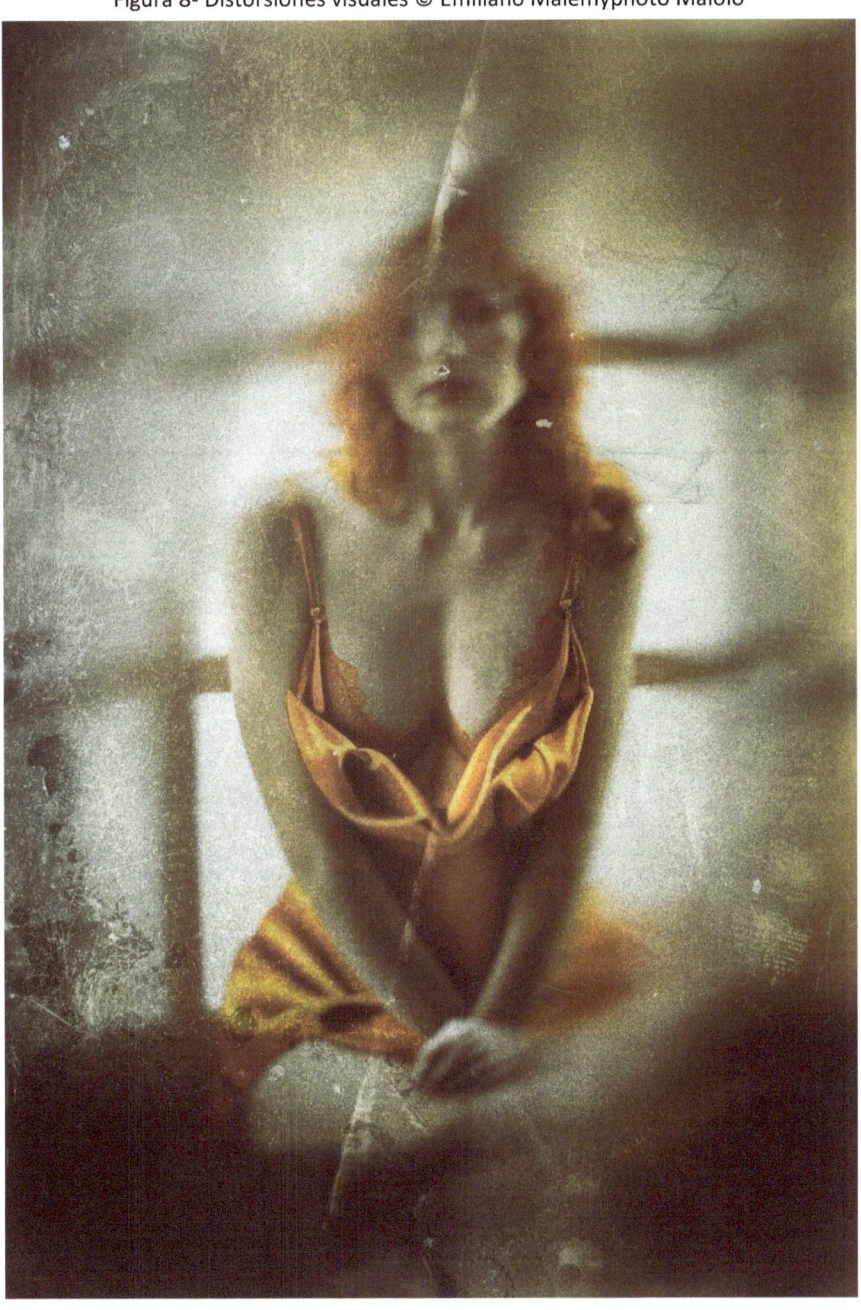

Figura 9- Distorsiones visuales © Emiliano Maiemyphoto Maiolo

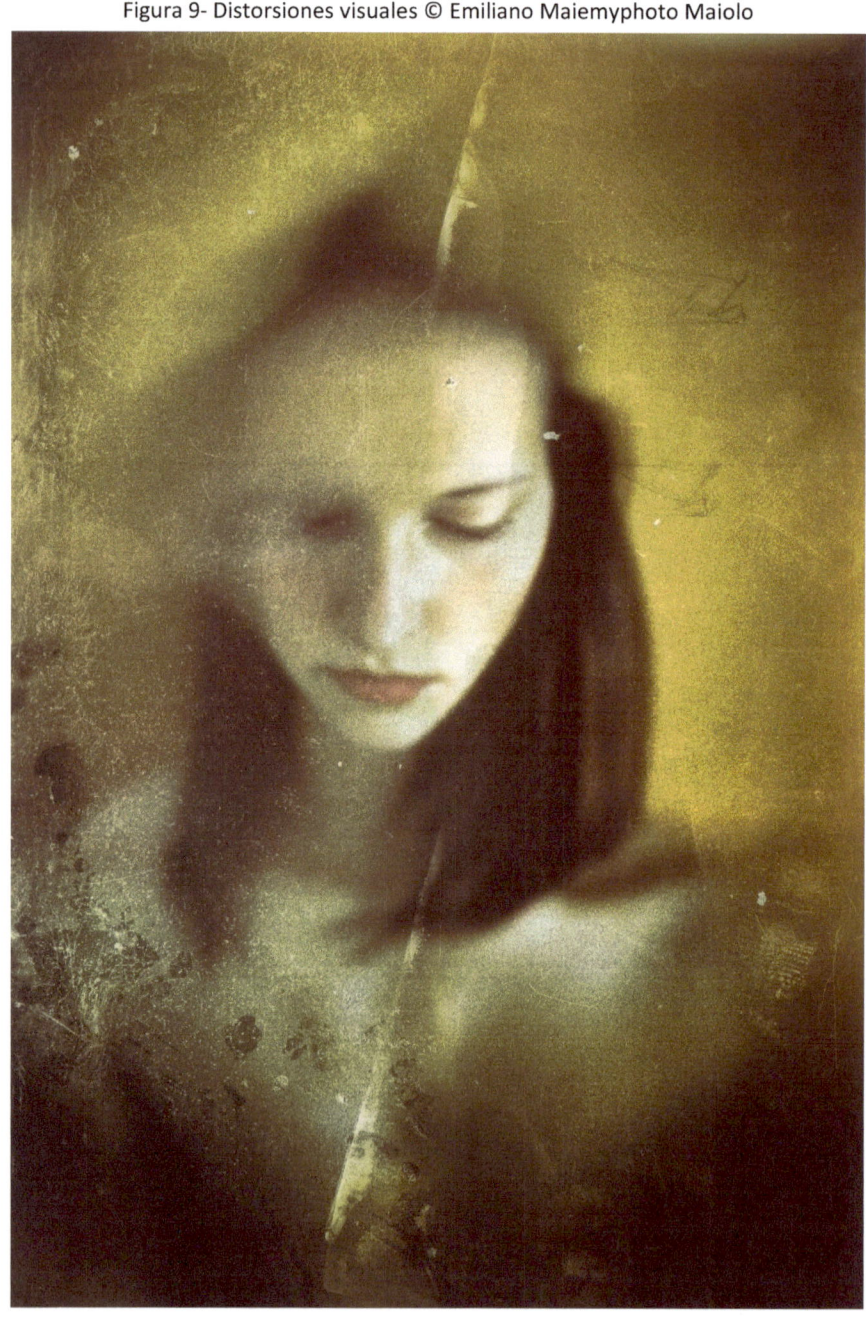

No nos damos cuenta de que, en cambio, lo que se representa es un instante de nuestras vidas capturado exactamente por lo que es.

El hombre es uno de los pocos seres vivos de la Tierra capaz de distinguir conscientemente su propia imagen en una superficie reflectante. Si nos detenemos a pensar, esta acción que parece banal es; en cambio, el resultado de un proceso cognitivo muy complejo. El aprender que delante de nosotros no hay alguien más, sino la imagen de nosotros que se presenta al mundo exterior, no siempre es un proceso que termina en los primeros años de vida, sino que a menudo continúa durante toda la existencia del individuo. Si bien somos conscientes de que el espejo refleja fielmente nuestra connotación física, en realidad no la aceptamos como propia sino sólo como medio para comunicarse con los demás. Al aceptar la existencia de nuestra imagen como algo concreto nos planteamos el problema de la comunicación de nosotros con ella. Por lo tanto, utilizamos nuestro reflejo como un medio para aparentar, y no como un medio para comprendernos, para poder construir lo que deseamos que otros vean; y en esos *otros* también podemos incluir sin dudarlo a nosotros mismos.

La imagen reflejada de nosotros es diabólica. Al mismo tiempo, es concreta porque existe y pudiendo tocar la superficie que la refleja como contraprueba de la realidad física, y también es imaginaria porque está construida a medida para satisfacer nuestro deseo de aparecer eligiendo entre las muchas que podemos proponer. Observarnos desde fuera nos permite modificar nuestra imagen para ofrecer al mundo exterior la que preferimos y que todos viesen como verdadera de lo que somos. Una práctica peligrosa que conduce a una mistificación más o menos inconsciente de la realidad al hacernos creer, esa construcción, como si fuese nuestra identidad real.

La invención de la fotografía marca un punto de inflexión en la historia de la humanidad. Si antes se informaba del mundo que nos rodeaba a través de dibujos, pinturas o esculturas, a partir de ese momento se realizaba arrancando la imagen directamente de la realidad sin procesos de intermediación creativa del artista de turno. Esto supuso un cambio de época porque llevó a las personas a tener una relación diferente con el concepto de realidad y existencia. Con la fotografía empezamos a perseguir la efímera creencia de que podemos probar la existencia a través de ella: una fotografía existe, entonces existe el contenido. Lo que es seguro es que el contenido de la imagen existió en algún lugar y momento, pero esto no es necesariamente sinónimo de veracidad del contenido. La fotografía es portadora tanto del fragmento del mundo que captó como del fragmento de espacio-tiempo en el que fue captada, ni más ni menos. Por lo tanto, sabemos que es (tal vez) real, pero no sabemos nada del antes y el después de ese instante. Intentamos deducciones y hacemos suposiciones que la mayoría de las veces no tendrán una confirmación.

El fotograma que tenemos delante se convierte en existencia cuando en cambio es solo un momento. La fotografía que sostenemos en nuestras manos es un objeto que pierde significado de *una cosa* y se convierte en existencia de lo que *representa*, imponiendo el contenido como realidad y no solo como momento del espacio-tiempo. Existe en la foto, por lo tanto, existe en mi realidad; de manera desgarradora la conservo porque mientras exista la foto existe su contenido no solo en el pasado sino también en mi presente.

En ese instante que depositamos todo nuestro deseo de *ser* en el momento en que posamos para un retrato. Sabemos (y deseamos) que ese retrato nos representará como un acto de veracidad de nuestra existencia y en ese retrato transformamos nuestra imagen como hemos aprendido a hacer frente al espejo. Nos complacemos a nosotros mismos y al observador que mirará el retrato con la esperanza de imponer nuestra voluntad de ser y, al mismo tiempo, satisfacer la necesidad de seguridad de existir en un mundo tangible.

Figura 10- Distorsiones Visuales © Emiliano Maiemyphoto Maiolo

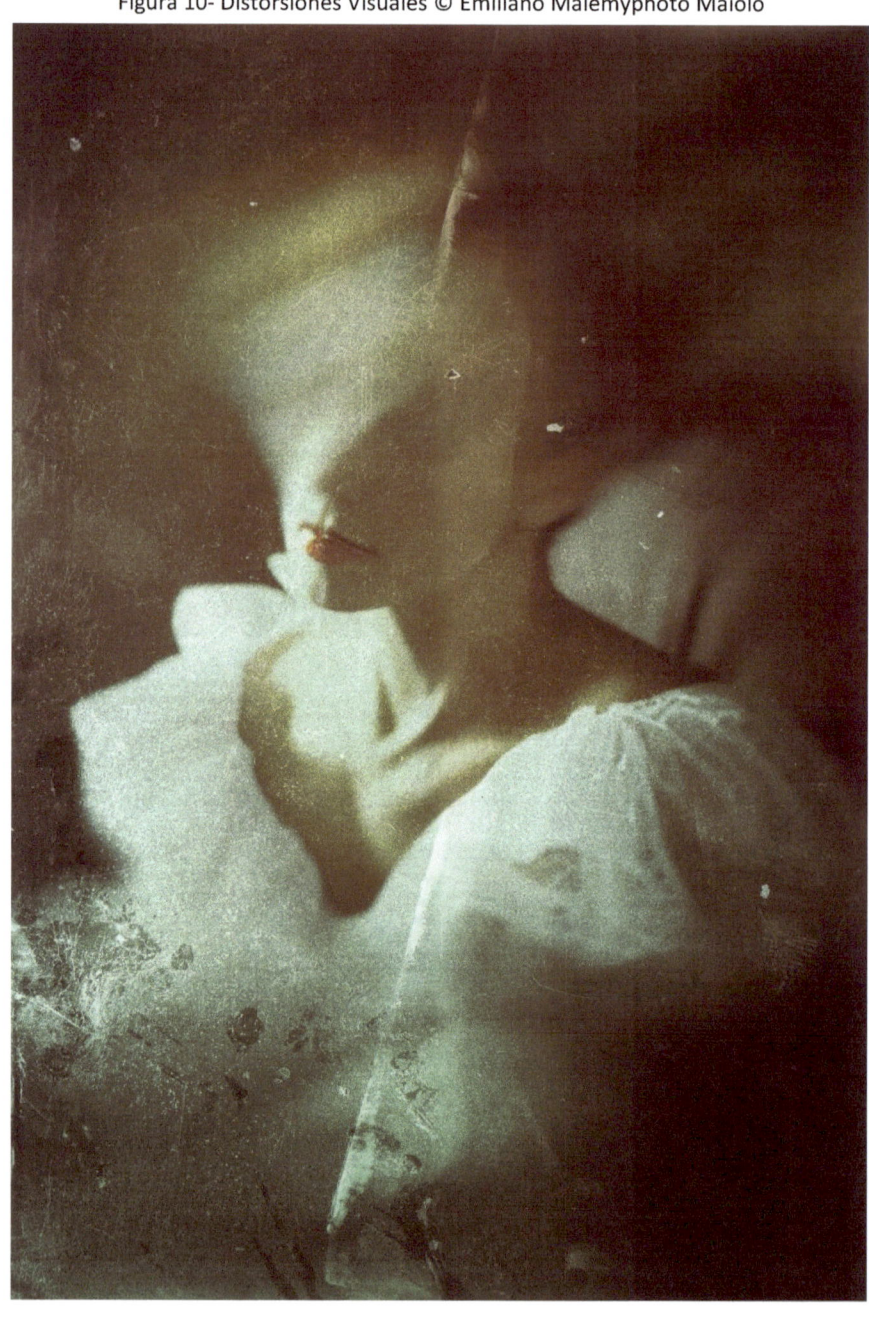

3

(La máscara)

Cuando empecé a tomar fotografías de retratos lo hice un poco por diversión, impulsado por el deseo de imitar y reproducir fotografías de artistas que apreciaba. Un impulso que sólo centró la atención en los aspectos técnicos y en el resultado formalmente correcto. Un juego y una diversión, pero pronto la satisfacción por el resultado obtenido dio paso a una fuerte sensación de inadecuación por el hecho de que las imágenes producidas carecían de mensaje, eran planas y poco concluyentes.

Siempre me he sentido atraído a tomar fotografías de personas, especialmente cuando están concentradas en una actividad y, durante las sesiones fotográficas en las que he participado, lo he hecho con cierta constancia. Al volver a mirar las imágenes me quedaba con la percepción y una sensación no bien definida de que la imagen de turno me estaba transmitiendo algo que no podía capturar, como un mensaje o más simplemente un detalle particular.

Fue el *hombre en la cola* quien desbloqueó la situación.

Figura 11- Distorsiones Visuales © Emiliano Maiemyphoto Maiolo

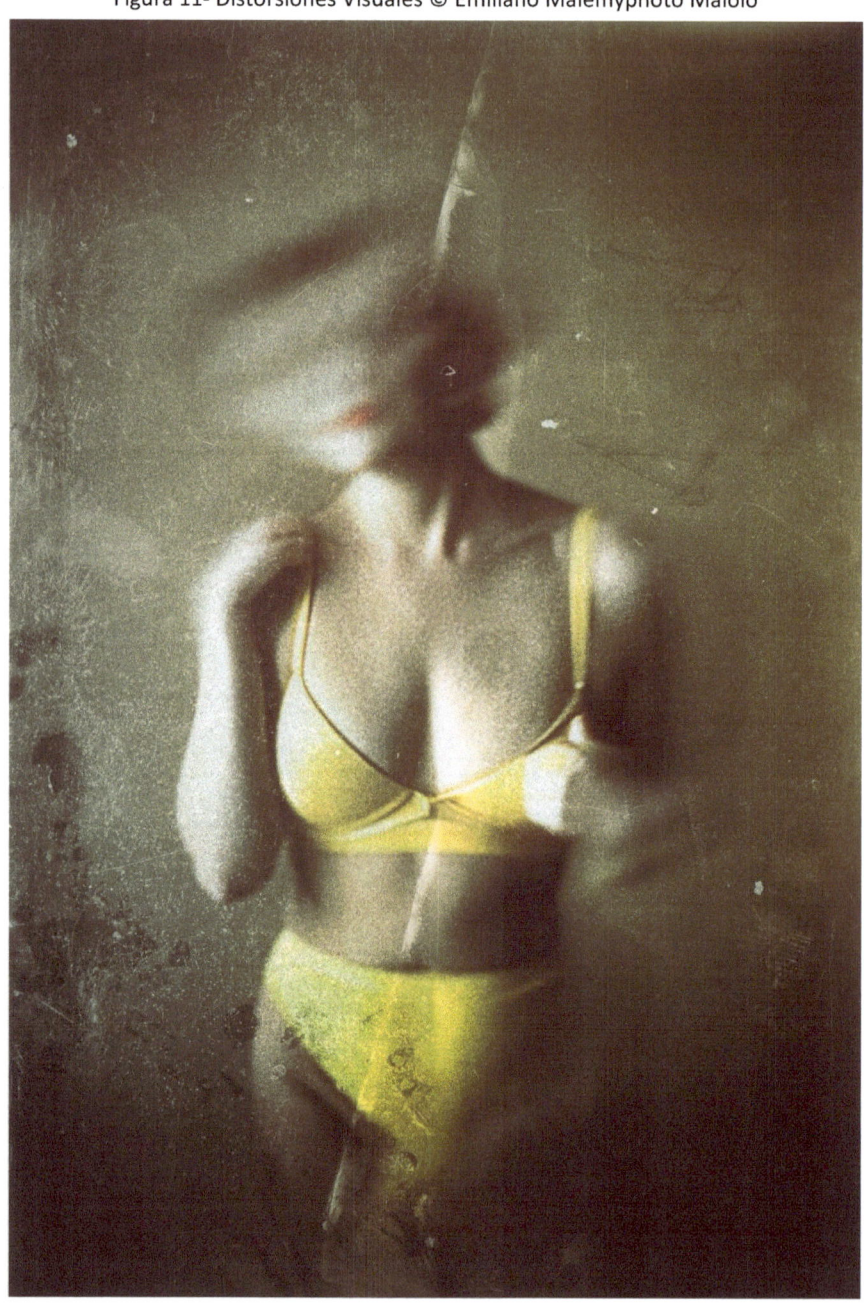

Como sucede en muchos ámbitos de investigación, a veces no es directamente el sujeto de estudio quien da respuestas y en mi caso una primera respuesta parcial vino de una persona que vi en un contexto urbano que estaba esperando su turno en la cola. No era la fotografía, y por lo tanto el medio, que transmitía la extraña sensación que sentía al ver las tomas "robadas", sino la actitud del sujeto. ¿En qué pensaba? ¿Qué absorbía sus pensamientos? ¿Cómo lograba, claramente desapegado de la realidad, realizar los movimientos mecánicos con los que seguía la cola? ¿Se había dado cuenta de que había dejado de actuar, de que se había quitado la máscara y de que había empezado a vivir un momento real? Pero, sobre todo, ¿qué habría pensado de sí mismo si se hubiese visto desde fuera como yo lo veía en ese momento? Volví a mirar las fotos robadas e intenté hacerme las mismas preguntas que aquella tarde me habían sido sugeridas por la persona en la cola y vi todo desde una perspectiva diferente.

Observar a una persona a escondidas y tener casi la certeza de no ser vistos realizando el gesto, nos permite escrutar y muy a menudo satisfacer la curiosidad innata que tenemos dentro. Lo hacemos por mil razones, por comparación con lo observado o por pruritos voyeristas. Nos gusta mirar los rasgos somáticos sobre todo si la persona observada es de buena apariencia (aunque este concepto es efímero y subjetivo) y nos llaman la atención expresiones en las que podríamos no haber reparado a través de miradas lanzadas de pasada. Observar un retrato fotográfico ayuda a este proceso porque en la intimidad de nuestra habitación y nuestro espacio tenemos todo el tiempo para curiosear a la persona en la imagen sin arriesgarnos a ser descubiertos. El medio fotográfico es un valioso aliado en el (re)descubrimiento de las personas.

En mi caso, sin embargo, la curiosidad fue atraída por otra cosa y fue más allá del voyerismo intrínseco de la imagen. Puedo observar a la persona sin tenerla delante, sin tener que sostener la mirada o tener que esconderme. Puedo captar detalles y molestarme las actitudes, pero ¿qué me está comunicando la imagen que estoy observando? ¿Qué hay además de la observación? *El hombre en la cola.* En las fotografías robadas está el hombre en la cola; él en las actitudes y en las no poses en las que estaba en el momento en que mi ojo lo atrapó. Fue esta percepción la que me hizo pasar de observar la figura a concentrarme en las actitudes y los cierres emocionales.

Necesitamos llevar una máscara que es a la vez un medio de protección y un deseo de aparecer a los ojos de los demás, pero la máscara tiene un peso y no admite descuidos porque ello llevaría a que nuestro verdadero *rostro* se revelara, aunque sólo fuera parcialmente. Un momento de desatención y por unos centímetros cede porque en cada uno de nosotros vive una parte oculta que necesita ser vista y observada por lo que realmente es. Esta parte de nosotros es la que toma el control cuando somos *el hombre en la cola* y todas las veces que no tenemos necesidad de actuar porque nos sentimos observados. ¿Somos capaces de quitárnosla voluntariamente? Esta es la pregunta que me he hecho más que ninguna otra, y en la cual he centrado mucha atención en mi estudio de fotografiar retratos. Sabemos que incluso frente al espejo actuamos con nosotros mismos, posamos para dar una imagen deseada y al hacerlo comprimimos en nuestro interior el genuino deseo de emerger de esa parte oculta que en cambio quiere revelarse. Por eso me he preguntado cómo y si fuese posible darle espacio y permitirle emerger sin filtros ante un objetivo y, por tanto, ante un espejo.

Somos jueces severos de nosotros mismos y esto hace que todo sea más difícil al hacernos cargar con el peso de un juicio irracional que atribuimos a las personas que nos observan incluso cuando en realidad, y con toda probabilidad, ni siquiera se han fijado en nosotros. ¿Alguna vez has estado en un ascensor con alguien y estos, además de no establecer contacto visual, comienzan a arreglarse la ropa o el peinado? Un gesto impulsado por el deseo de darse importancia para no sufrir el pensamiento interior de ser observado y juzgado. La máscara viene entonces en nuestro rescate y nos insta a posar como creemos que a los demás les gustaría que fuéramos. Nos ajustamos, adoptamos una pose formal y nos ponemos serios. Muchas veces estos mismos gestos los realizamos también cuando ante nosotros tenemos nuestra imagen. Notamos una serie de detalles que no pensamos, como si la imagen frente a nosotros fuera de un extraño. Casi sin pensar realizamos los mismos gestos comportándonos como si estuviésemos en el ascensor poniéndonos de manera más formal y cuidada. La máscara también interviene hacia nosotros mismos de manera más invasiva debido a la conciencia de que la imagen que no nos gusta es la de nosotros.

Actuamos y llegamos a decirnos mentiras, negando la evidencia de los hechos incluso cuando éstos son inmortalizados en una imagen o en una secuencia de imágenes como, por ejemplo, cuando aparecemos en un video. En esa película estoy yo, pero lo niego porque lo que veo no me gusta y trato de rechazar incluso su existencia. Se llega a decir y a pensar que es alguien que se nos parece porque la brutalidad de la imagen es tan fuerte que no podemos creer que somos los protagonistas de lo que estamos observando.

Cuando este intento fracasa miserablemente, entonces buscamos otras mil excusas incapaces de encontrar serenidad al admitir la realidad de la imagen. En las fotografías si lo que estamos viendo no nos gusta, es fácil descargar la responsabilidad sobre el fotógrafo que nos ha retratado de una manera pésima. Aunque a veces esto puede ser cierto, la realidad de los hechos es que rechazamos nuestra imagen hasta el punto de no darnos cuenta de que el medio fotográfico no ha hecho más que impresionar a una superficie fotosensible y que lo observado no es más que el momento de nuestra existencia en el mundo real y concreto. Lo que no nos hace apreciar nuestra imagen en estas fotografías es simplemente no haber podido ponernos la máscara a tiempo para que pareciéramos como queremos ser vistos por el mundo exterior y por nosotros mismos. Sin máscara no nos reconocemos porque vivimos en la mentira en la que consideramos verdad lo que mentalmente hemos construido de nosotros y no lo que realmente somos.

La máscara resulta incómoda pero necesaria para sobrevivir y ganar un falso sentido de seguridad en un contexto donde la apariencia es más importante que el ser, pero pagando un alto precio mediante la represión emocional y la anulación de la naturaleza existencial. Todo lo que reprimimos dentro de nosotros no lo anulamos y no podemos hacerlo desaparecer. Sin darnos cuenta, comprimimos sentimientos y emociones que permanecen latentes y listos para explotar cuando menos lo esperamos. Comprimir y controlar es un trabajo que no permite caídas de atención y cuando esto sucede es el momento en que se vislumbra la verdadera esencia del *hombre en la cola*.

Figura 12- Distorsiones Visuales © Emiliano Maiemyphoto Maiolo

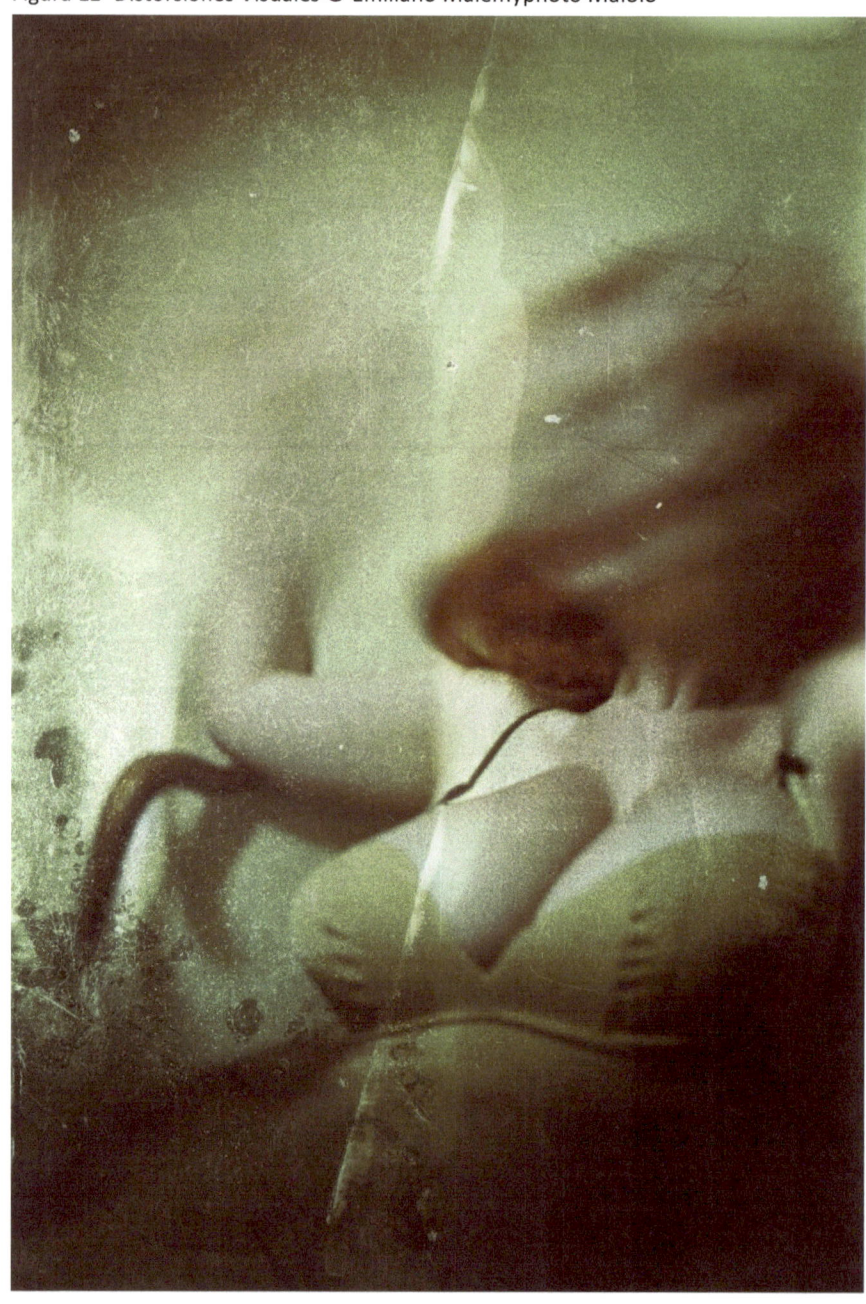

Figura 13- Distorsiones Visuales © Emiliano Maiemyphoto Maiolo

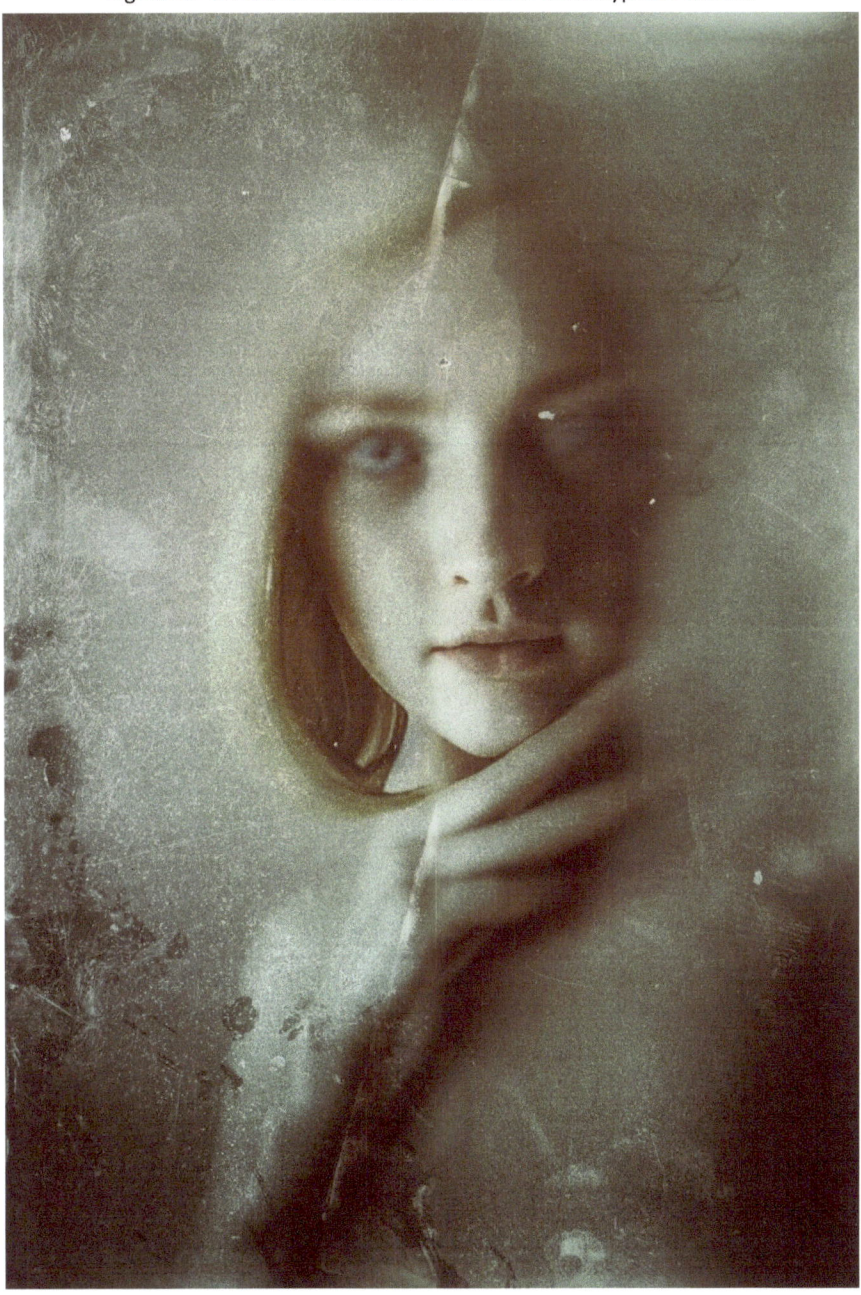

Figura 14- Distorsiones Visuales © Emiliano Maiemyphoto Maiolo

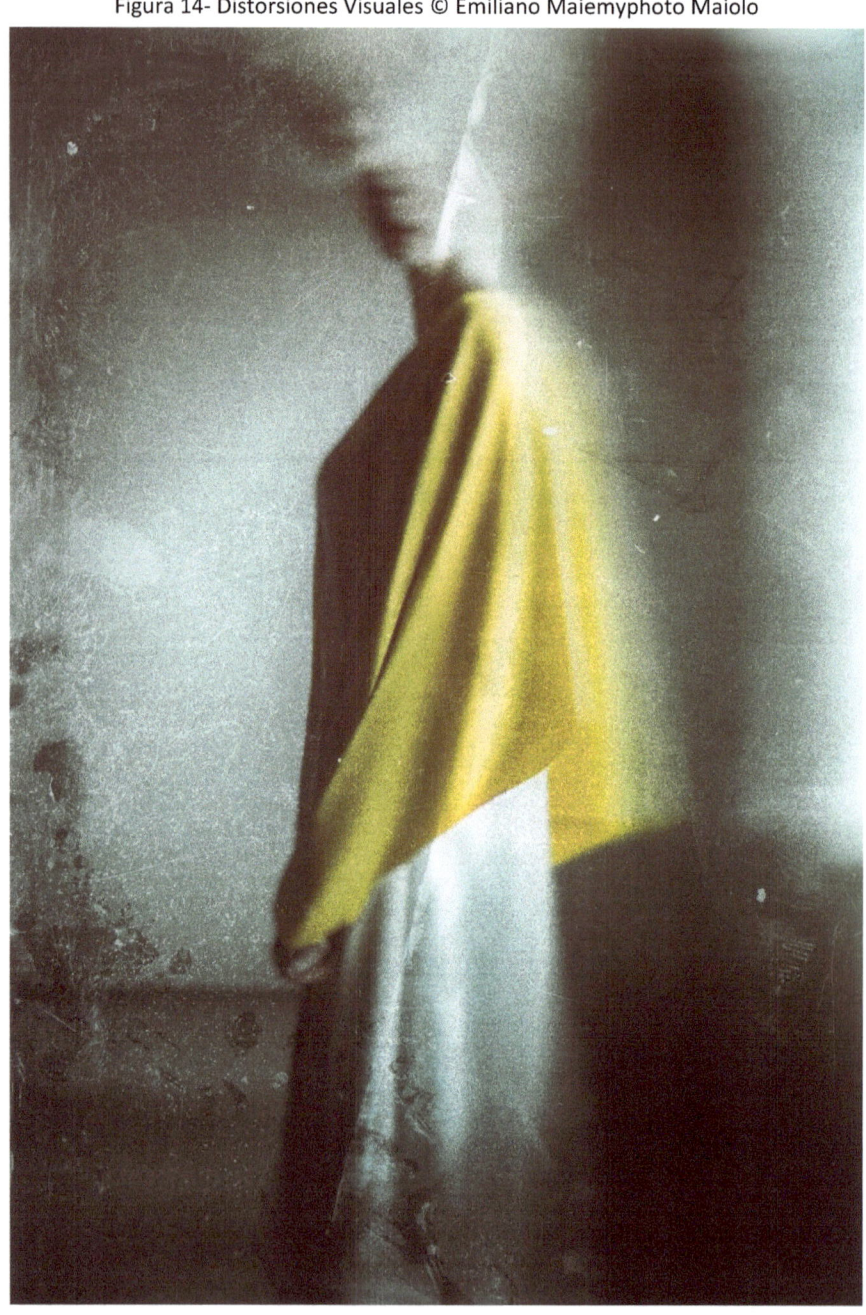

Figura 15- Distorsiones Visuales © Emiliano Maiemyphoto Maiolo

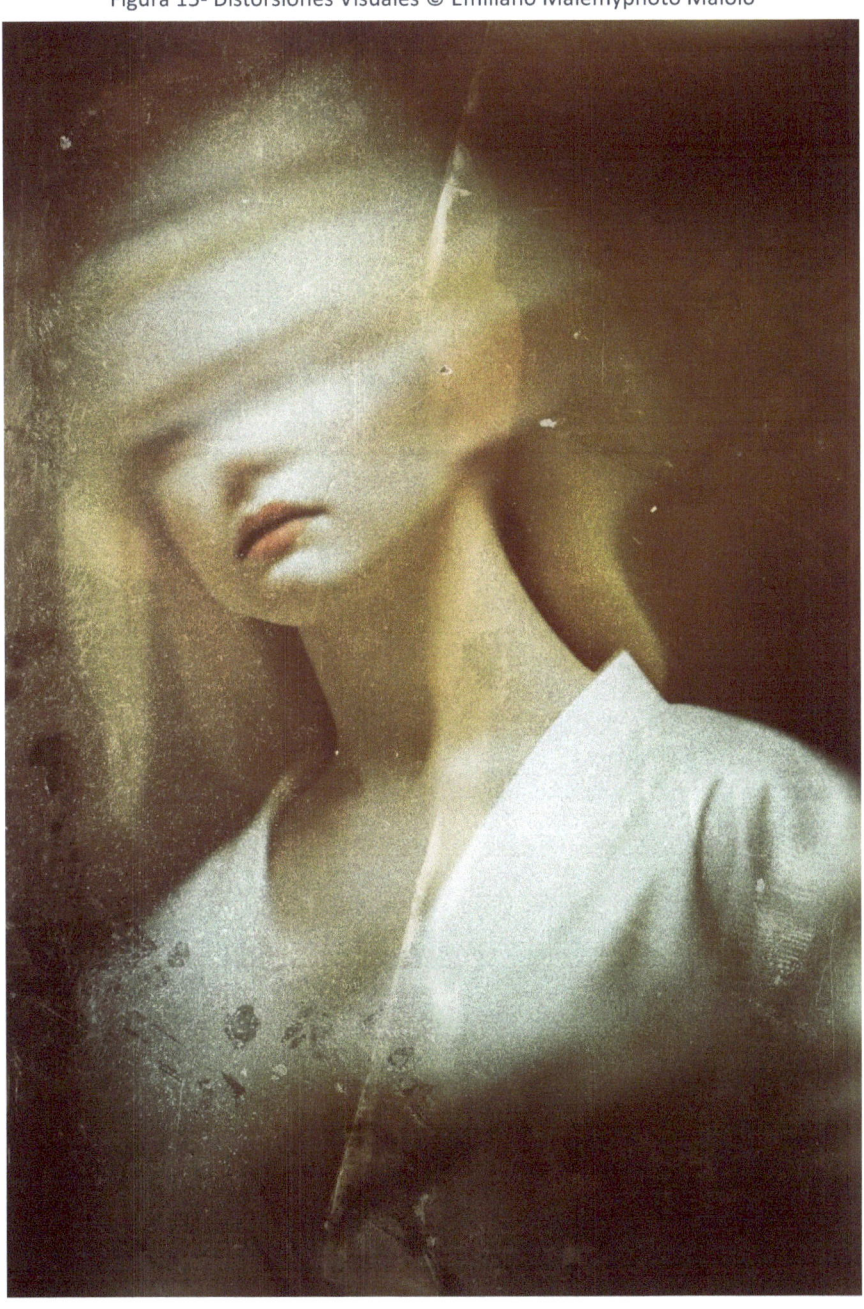

Figura 16- Distorsiones Visuales © Emiliano Maiemyphoto Maiolo

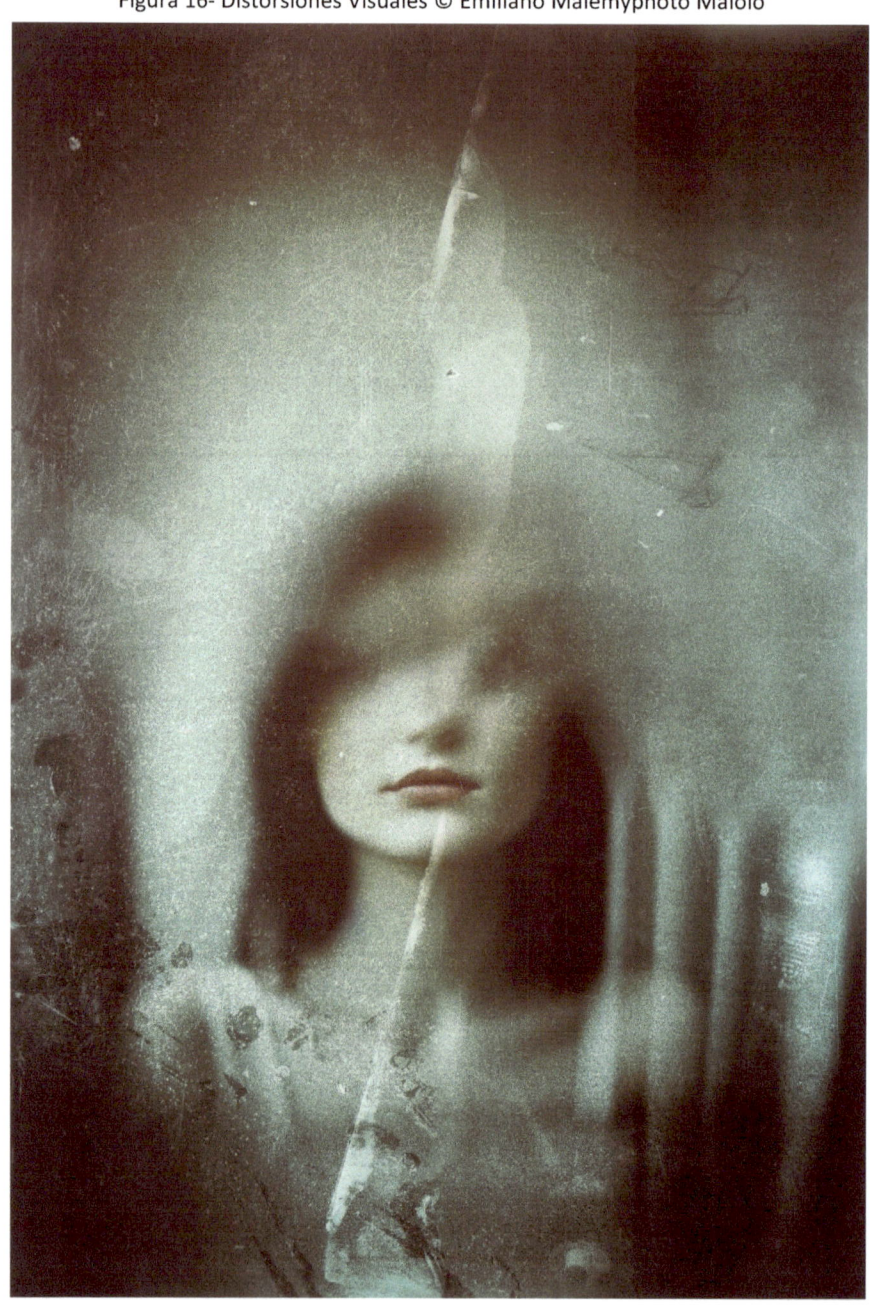

4

(Mujer)

En la fotografía y en las formas de arte visuales, la figura femenina puede ser elevada a través de la representación consciente de la mujer como sujeto autónomo, capaz de expresar su personalidad e individualidad de manera auténtica y creativa. Importante punto de partida es la necesidad de dejar espacio a la introspección y a la emotividad del sujeto que, en cualquier forma de arte, ayuda a alcanzar la valorización de la belleza y la complejidad de la figura femenina, sin reducirla a un objeto de deseo masculino.

El arte fotográfico siempre ha sido un importante medio de expresión para la representación de la figura y, a lo largo de la historia, la mujer ha sido a menudo objeto de representación utilizada como símbolo de belleza, seducción y misterio. Sin embargo, la representación que se ha dado en la historia ha disminuido a menudo el papel de la mujer en el contexto social en la época de pertenencia, modificando la interioridad de la persona como tal y creando una traslación de la apariencia visual.

La figura femenina ha sido representada en la historia del arte de muchas maneras diferentes, según las épocas, los lugares y los contextos culturales en los que se ha desarrollado el arte. En la Grecia antigua la figura femenina estaba representada de manera idealizada, como símbolo de belleza y de perfección física, a través de estatuas y pinturas que representaban a mujeres desnudas o semidesnudas, con formas armoniosas y perfectas. Durante el Renacimiento italiano, la figura femenina asumió un nuevo papel en el arte, como musa y sujeto de inspiración para los grandes artistas de la época. La imagen de la mujer, idealizada y perfecta, se convirtió en objeto de un culto estético que se expresaba a través de la pintura, la escultura y la poesía. En este período, la figura femenina a menudo fue representada en poses sensuales y provocativas, que exaltaron su belleza y su pasión. Pasando del romanticismo donde la figura femenina fue representada a menudo como símbolo de melancolía y tristeza, se llega al arte moderno y contemporáneo donde la figura de la mujer asume un papel cada vez más activo y protagonista, convirtiéndose en sujeto de obras de arte que exploran su individualidad, personalidad y complejidad.

También la fotografía, manchada culturalmente por otras formas de arte y visuales, sufre la ideología del sujeto femenino como representación que se eleva de lo real para idealizar a la mujer como deseo visual, y a veces carnal, menospreciando y a menudo olvidando el universo interior que cada persona representada lleva dentro de sí. Defecto, mejor dicho, error, que nace de la influencia de la visión masculina del fotógrafo que conduce a una distorsión de la percepción real de la mujer como sujeto de arte. El punto de vista del fotógrafo, de hecho, puede condicionar la representación, limitando su autonomía y libertad expresiva, y obligándola a estereotipos de género predefinidos. Por este motivo, las obras fotográficas de mujeres fotógrafas que *representan a mujeres* elevan la calidad de las obras y destacan de manera clara y definida gracias a la capacidad de reelaborar de manera innovadora los modelos de representación femenina tradicional.

La historia occidental se ha caracterizado por una opresión sistemática de la feminidad y de las mujeres, que ha tenido profundas consecuencias sociales, culturales y políticas. Esta opresión se ha manifestado de muchas maneras, desde la limitación de los derechos hasta la violencia y la discriminación de género. Las mujeres han sido consideradas durante mucho tiempo como inferiores a los hombres, y su papel principal era ocuparse de las tareas domésticas y el cuidado de la familia. Una visión limitante que ha hecho que las mujeres sean excluidas de la vida pública y política, y obligadas a subordinarse a los hombres en todas las esferas de la vida.

En los años 60 y 70, la fotografía experimentó una verdadera revolución cultural, en la que las mujeres desempeñaron un papel destacado en la oposición a los modelos de representación tradicionales. La fotografía, de hecho, ha permitido a las mujeres, ya sea delante o detrás del medio fotográfico, expresar su individualidad y su identidad de manera libre y creativa, y romper los estereotipos de género que las relegaban a un papel de mero objeto pasivo apto para satisfacer el deseo de un patriarcado que hasta ese momento decidía de manera directa el hilo narrativo del tejido social. La fotografía de retrato ha jugado un papel fundamental en esta revolución cultural, ofreciendo a las mujeres un espacio de expresión personal y experimentación estética. Muchas fotógrafas han sabido captar la esencia de la figura femenina, representándola de manera original y creativa, y logrando captar la singularidad de cada individuo. Al mismo tiempo, fortalecidas por esta toma de conciencia, las mujeres que se hacían retratar se alejaban de ser objeto idealizado y encontraban una narrativa interior que ponían de manifiesto en el resultado de la toma fotográfica, utilizándola como crítica al patriarcado y como una forma de resistencia a la discriminación de género y de lucha por la igualdad.

El retrato fotográfico femenino ha asumido un papel fundamental en la historia de la fotografía, representando una forma de expresión creativa y resistencia cultural, y donde la valentía de atreverse ha superado las barreras culturales y la *distorsionada* visión masculina, ha hecho emerger la esencia de la mujer como sujeto de arte, representándola de manera original y auténtica, y logrando captar su singularidad y complejidad. Superando los prejuicios de género, se produce una reelaboración creativa de los modelos tradicionales de representación de la figura femenina, utilizando la fotografía como herramienta de emancipación y resistencia cultural que contrarresta los prejuicios de género y promueve una representación positiva y auténtica de la imagen en sentido amplio de la mujer y de su universo. La fotografía de retrato puede representar una oportunidad para que las mujeres expresen su identidad y personalidad a través de poses, expresiones y gestos que representen su autenticidad y originalidad. De este modo, la figura femenina se convierte en un sujeto activo de la fotografía, capaz de expresar su individualidad de forma creativa e innovadora.

Es en esta evolución social donde emerge predominantemente la figura del *hombre en la cola* con toda su interioridad y la incapacidad de sostener la máscara que lleva. La libertad expresiva de la mujer en la fotografía va de la mano con su propia limitación interior de expresar plenamente su emotividad. Cada persona, y con una cierta fuerza en el mundo femenino, la máscara que lleva puede ser interpretada en función de la propia exigencia de percepción personal. La propia imagen puede ser una forma de expresar identidad personal y creatividad, pero también de ocultar o enmascarar partes de uno mismo. Muchas mujeres pueden tener una máscara interior que cubre sus vulnerabilidades, miedos, inseguridades y aspectos menos deseables. Algunas optan por ocultar estos aspectos en la fotografía, intentando mostrar sólo su mejor cara, distorsionando y comprimiendo su *yo* interior en nombre de un juicio esperado. El vuelco de la atención sobre la imagen que ha arrojado a todos en un flujo continuo de juicios, actitudes y atención a la apariencia, encuentra en la mujer un peso ulterior dado por la necesidad de afirmarse en una sociedad donde todavía patriarcado y visión machista crean desigualdades y cargas interiores desde la presentación de la propia figura como tal. De ahí la necesidad de una fotografía de la figura femenina que se acerque más a la evolución social y al recorrido histórico que se ha realizado para llegar hoy a considerar a la mujer como tal sin idealizaciones o preconceptos distorsionados.

Figura 17- Distorsiones Visuales © Emiliano Maiemyphoto Maiolo

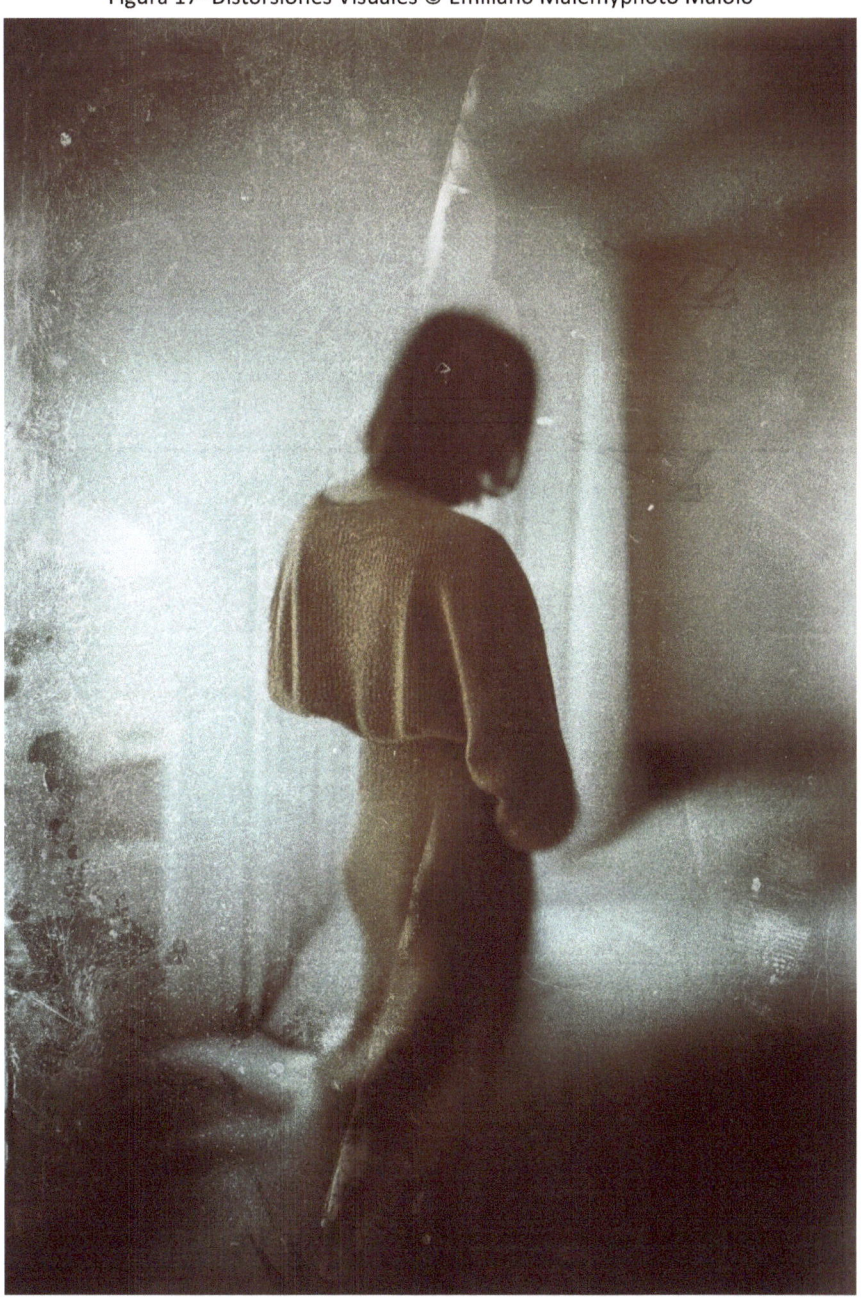

Figura 18- Distorsiones Visuales © Emiliano Maiemyphoto Maiolo

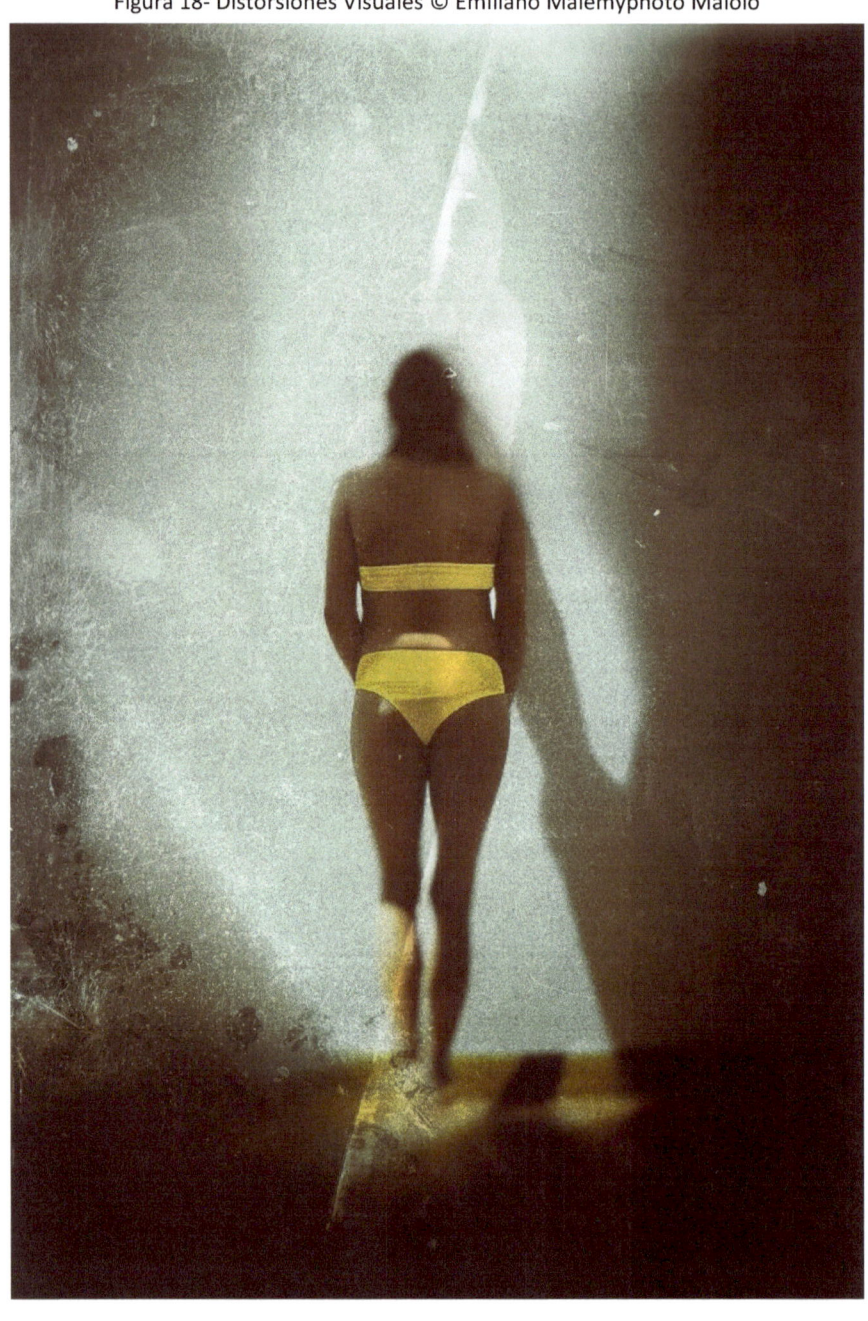

Figura 19- Distorsiones Visuales © Emiliano Maiemyphoto Maiolo

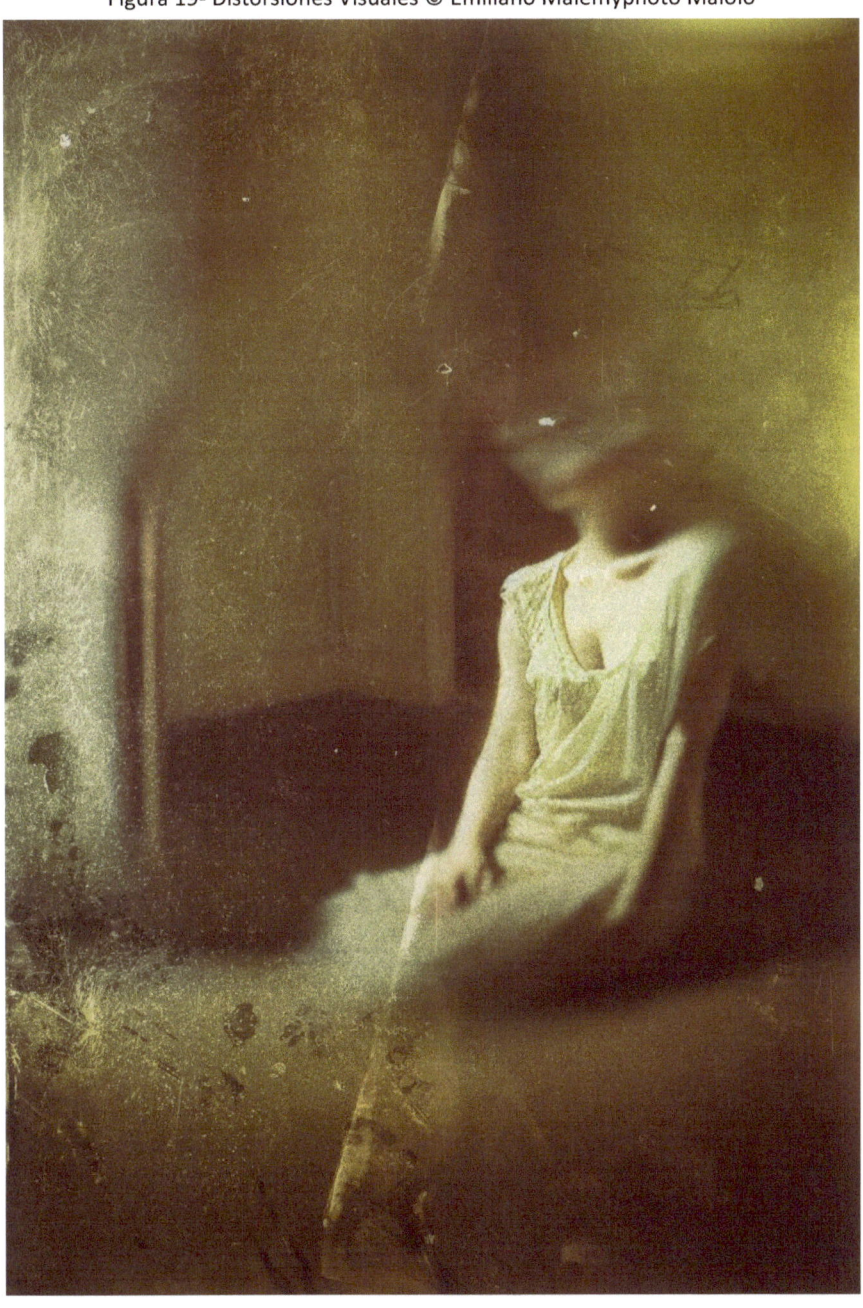

Figura 20- Distorsiones Visuales © Emiliano Maiemyphoto Maiolo

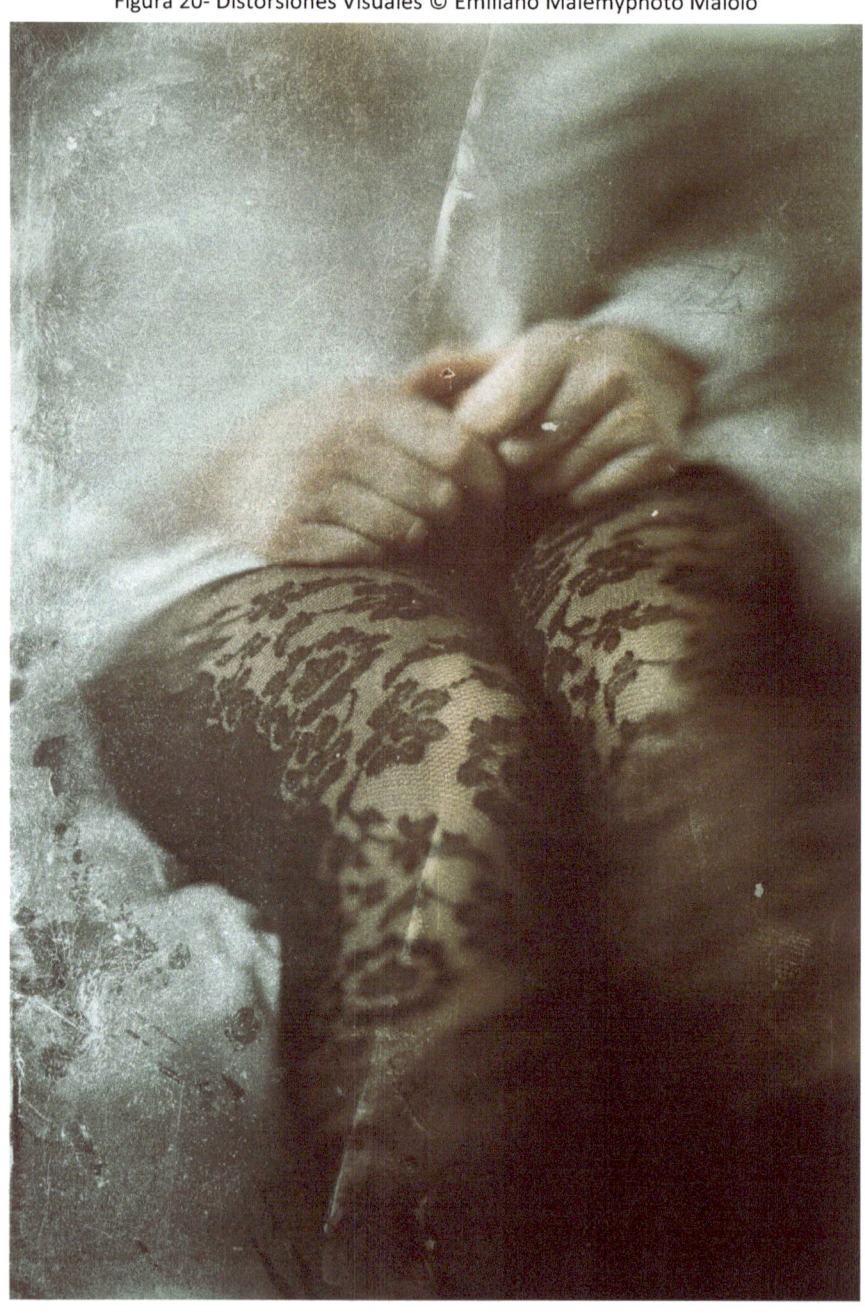

Figura 21- Distorsiones Visuales © Emiliano Maiemyphoto Maiolo

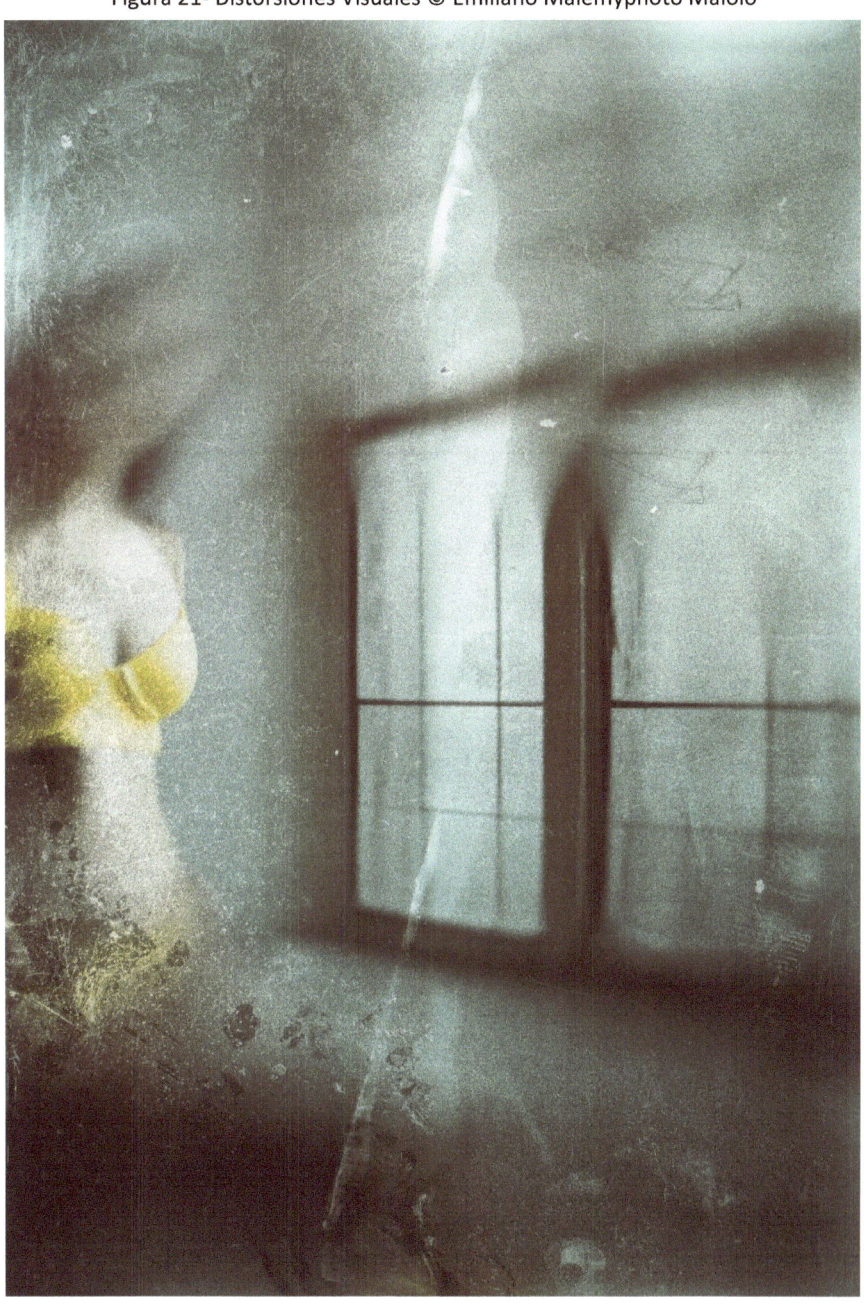

Figura 22- Distorsiones Visuales © Emiliano Maiemyphoto Maiolo

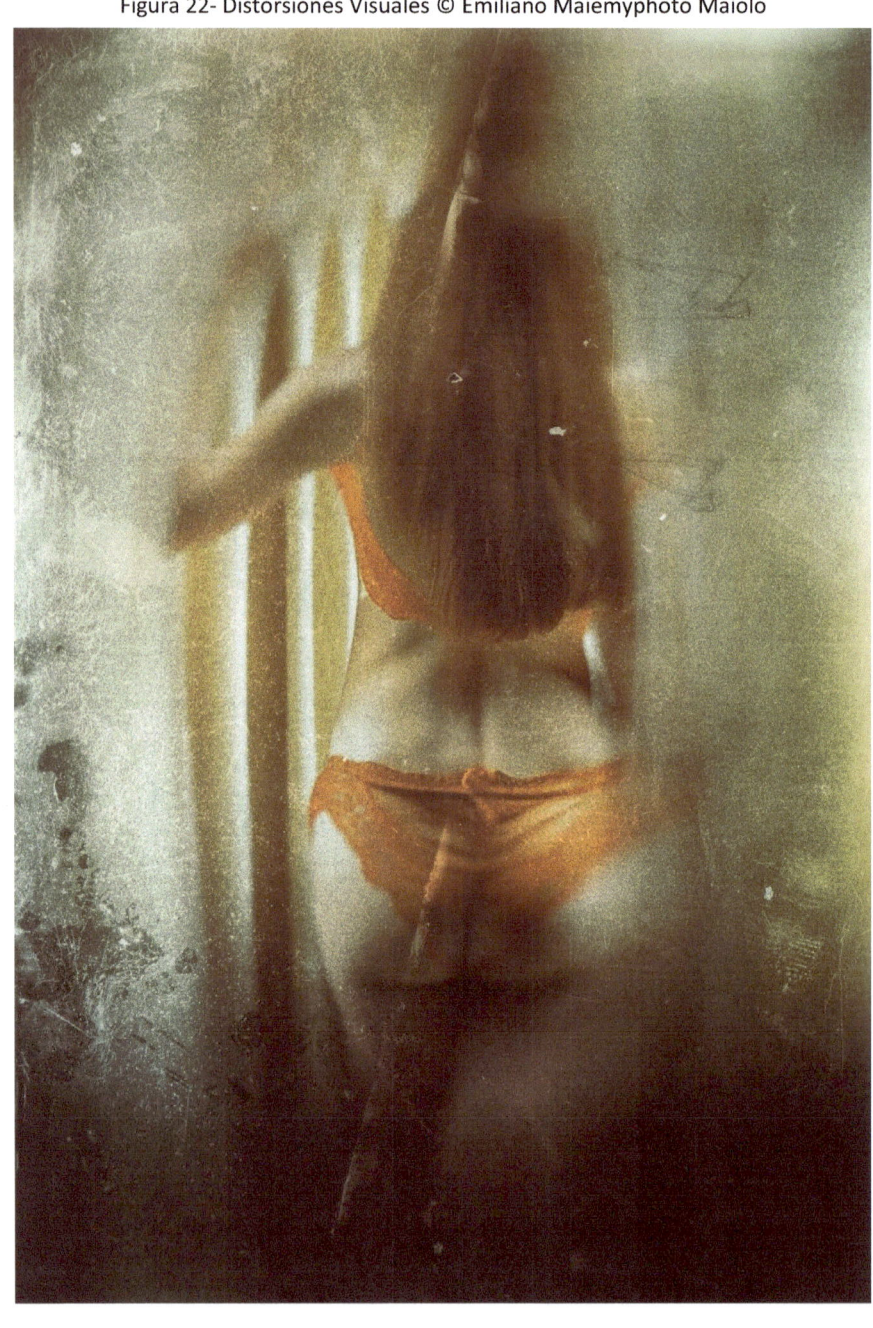

5

(Distorsiones Visuales)

Una distorsión es la alteración de la forma hasta tal punto que crea una distorsión de la actitud natural. Involucra varios ámbitos, pero cuando esto ocurre en el óptico cambia la perspectiva de visión comparada con la visión común a simple vista.

No es infrecuente que la distorsión sea emocional o interna. A menudo alteramos la realidad de nuestras emociones y pensamientos en favor de otros, impulsados por diversas necesidades, ya sean comprensibles o inconscientes. La distorsión a menudo abarca tanto el aspecto visual como el interno, actuando de manera irracional en la parte emocional, pero con plena conciencia en la visual. Esta deformación de la realidad proviene de la máscara que llevamos y de cómo nos perciben aquellos que nos observan.

Vemos lo que queremos ver según las normas de pertenencia a la sociedad en la que vivimos, desdibujando la realidad transmitida con inocencia por la luz y transformándola y moldeándola a nuestro gusto. Pero al mismo tiempo, la imagen que transmitimos, y que los demás perciben, es también el resultado de nuestra propia distorsión interior, incapaz de aceptar la realidad por lo que es haciéndola nuestra con la serenidad del conocimiento de que somos simples entes existentes.

No nos basta con existir y no nos basta con que los demás existan; deseamos *ser* y deseamos que los demás *sean*. Pero *qué ser* no lo sabemos distinguir y entender.

Y cada vez que observamos, interponemos entre nosotros y lo observado una membrana que oculta la imagen del mundo que nos llega. Existe, porque está creada por nosotros mismos de forma preconcebida, una capa voluble y distorsionadora que hace que lleguen a nuestros ojos imágenes distintas de la realidad y arrastra hasta el observador una percepción irreal. Una capa que dilata, transforma, ofusca y opaca cuanto de real existe y cuanto de interior es transmitido por el sujeto de la imagen. Lo que vemos ya no es un instante robado al paso del tiempo, sino una transformación de una apariencia impresa en nuestros ojos. Pero para muchas de las personas esto es una suerte, casi un regalo hecho por una sociedad descuidada, que permite ocultar quiénes son realmente. No es suficiente poner una hermosa caperucita roja al lobo malo para que se convierta en bueno, y esto es lo que sucede todos los días cada segundo de la existencia de este mundo.

Personas que cambian su comportamiento para complacer, tratando de aparentar lo que no son, usando máscaras selectivamente de acuerdo con las necesidades y situaciones para agraciar esa parte interior de sí mismos que necesita confirmaciones continuas incluso a pesar de comportamientos insalubres y antinaturales. No siempre funciona y las máscaras a veces se caen o se abren grietas en ellas que hacen entrever partes ocultas peligrosas, equivocadas o simplemente inesperadas de manera negativa.

Incluso cuando la ficción se utiliza para buscar seguridad en la sociedad adoptando actitudes complacientes hacia las necesidades perceptivas y visuales del prójimo, los problemas de gestión de la máscara persisten. Aquí también se abren grietas y se producen cambios en lo que colocamos entre nosotros y el mundo para cubrirnos, y emerge lo que somos. Todo esto llega al observador, pero sólo percibe lo que la distorsión visual que caracteriza su mirada quiere, y todo esto mientras la distorsión visual de quien se observa opaca casi todo lo que se transmite. Vivimos en un mundo en el que las distorsiones visuales narran lo cotidiano y gracias a la fotografía, o tal vez a causa de ella, esta reverberación de imágenes incompletas se acentúa hasta el punto de elevarla a realidad irrefutable.

Estas valoraciones, a lo largo de mucho tiempo, me han llevado a buscar métodos reflexivos, estructurados y repetitivos para narrar a través de la fotografía y sus imágenes con una metodología representativa que de alguna manera pueda dar una percepción de las distorsiones visuales que continuamente nos llegan. Actitudes robadas o retratos directos y conscientes pasan por la trituradora de la distorsión Estas evaluaciones, en un largo camino, me llevaron a buscar métodos reflexivos, estructurados y repetitivos para narrar a través de la fotografía y sus imágenes con una metodología representativa que de alguna manera pueda dar una percepción de las distorsiones visuales que nos llegan continuamente. Actitudes robadas o retratos directos y conscientes pasan por el triturador de la distorsión modificando el instante capturado y transformándolo en algo narrativo al que se hace imposible dar un significado indudable y claro sobre aquello que se observa en la imagen.

Si ya antes la fotografía en su acepción más clásica era portadora de dudas, incertidumbres e incapaz de contar la realidad de manera irrefutable, ahora, a través de la transformación de las distorsiones visuales, lo que representan las imágenes es indescriptible. ¿Quién puede decir si aquello que ve es real y nunca existió? O aún peor, ¿quién puede decir que aquello que ve es lo que la imagen parece ser? Y si el instante inmortalizado y luego distorsionado no tiene certeza de *ser* entonces quien es retratado asume el hecho de no *existir* quizás aceptándolo de manera más o menos consciente.

Todo esto es magia, pero nadie puede decir si es blanca con sus maravillas o negra con sus dolores y penas, tanto que la percepción de la imagen puede ser agradable a alguien y desagradable a otros, devolviendo con fuerza una vez más el juicio de sí mismo destruyendo las certezas y las esperanzas de aparentar.

Varios elementos están en la balanza y cada uno de ellos puede ser una herramienta útil en el desarrollo de una investigación fotográfica que permita contar y dar respuestas a una serie de preguntas. La repetición es la herramienta que nos permite comparar una serie de fotos tomadas en el mismo contexto y con el mismo propósito. La fotografía de retrato es la herramienta que nos permite poner en el centro de estas repeticiones a la persona y su emotividad. La máscara es el objeto de estudio, y en mi caso con toda probabilidad el mayor obstáculo a superar, en el que utilizar las herramientas disponibles.

El *hombre en la cola* es la pregunta a la cual dar respuesta y al mismo tiempo es el poema que vive en el retrato fotográfico de una persona.

El arte de la fotografía ciertamente no puede cambiar el mundo y modificar el curso evolutivo del hombre y de las sociedades modernas, pero puede ayudar a dar una nueva sensibilidad visual del yo y de nuestro entorno, que puede fomentar una interpretación del mundo en el que vivimos ya sea conformado, o caótico e indescifrable pero lleno de magia (¿Blanca? ¿Negra?). *Vivimos de acuerdo con un imaginario generalizado* [cit. R. Barthes] que nos produce placer cuando lo aparente y lo observado está en consonancia con la imagen estereotipada que hemos elegido como guía espiritual de nosotros, alimentándonos de una sociedad que se nutre de un flujo visual escaso en autenticidad, banal hasta el aburrimiento, y lleno de mentiras emocionales donde el único propósito de esta saturación de información es el de salvar el deseo inmediato y la necesidad de satisfacción morbosa dada por la representación ideológica del ser moderno.

Los fotógrafos contemporáneos tienen la carga, y no el honor, de reformular la comprensión colectiva de la apariencia, aumentando a su vez el vocabulario de la fotografía a través de una actividad material y a menudo física en la producción de nuevas imágenes.

También es físico cuando la creación atraviesa las mallas de la transformación digital, porque cambia el medio, pero no la forma ni el resultado. No estamos creando de la nada sino dando nueva forma (¿distorsionando?) a lo que el sensor de la cámara ha capturado en un instante preciso del flujo del tiempo. Algo que existe y quiere existir cuando se trata de personas y, como tales, definidas en la materia, pero a menudo menos en la emotividad debido a la máscara que todos llevamos con el fin de distorsionar el ser y el mostrarnos. Es tarea del que toma la foto lograr en primer lugar, dejar caer su propia máscara, retirar la membrana que se interpone entre el observado y el observador, y lograr transmitir algo que vaya más allá de la imagen producida y entrar en ese mundo invisible que es la interioridad comprimida en el interior de cada persona.

Al mismo tiempo, en el otro lado de la creación, bajar la máscara no es solo dejarse observar por los demás sin poses, sino que es principalmente observarse y dejar de fingir hacia nosotros mismos. Al alcanzar esta consciencia, seremos capaces de mirar más selectivamente a través de la opacidad de las distorsiones y podremos observarnos a nosotros mismos como no lo habíamos hecho antes. Los observadores externos no podrán percibir la misma imagen que nosotros hasta que ellos también sean capaces de quitarse sus máscaras, ir más allá de las distorsiones visuales en las que vivimos y decidir qué lado tomar en la elección binaria que plantea la fotografía: estereotiparse a una colectividad basada en distorsiones visuales o despertar la realidad del *ser aquí y ahora* que habita en la persona que cede un instante de su proceso temporal a una toma fotográfica. El *hombre en la cola* siempre está ahí, detrás de la máscara, listo para emerger y encontrar su propia esencialidad.

Figura 23- Distorsiones Visuales © Emiliano Maiemyphoto Maiolo

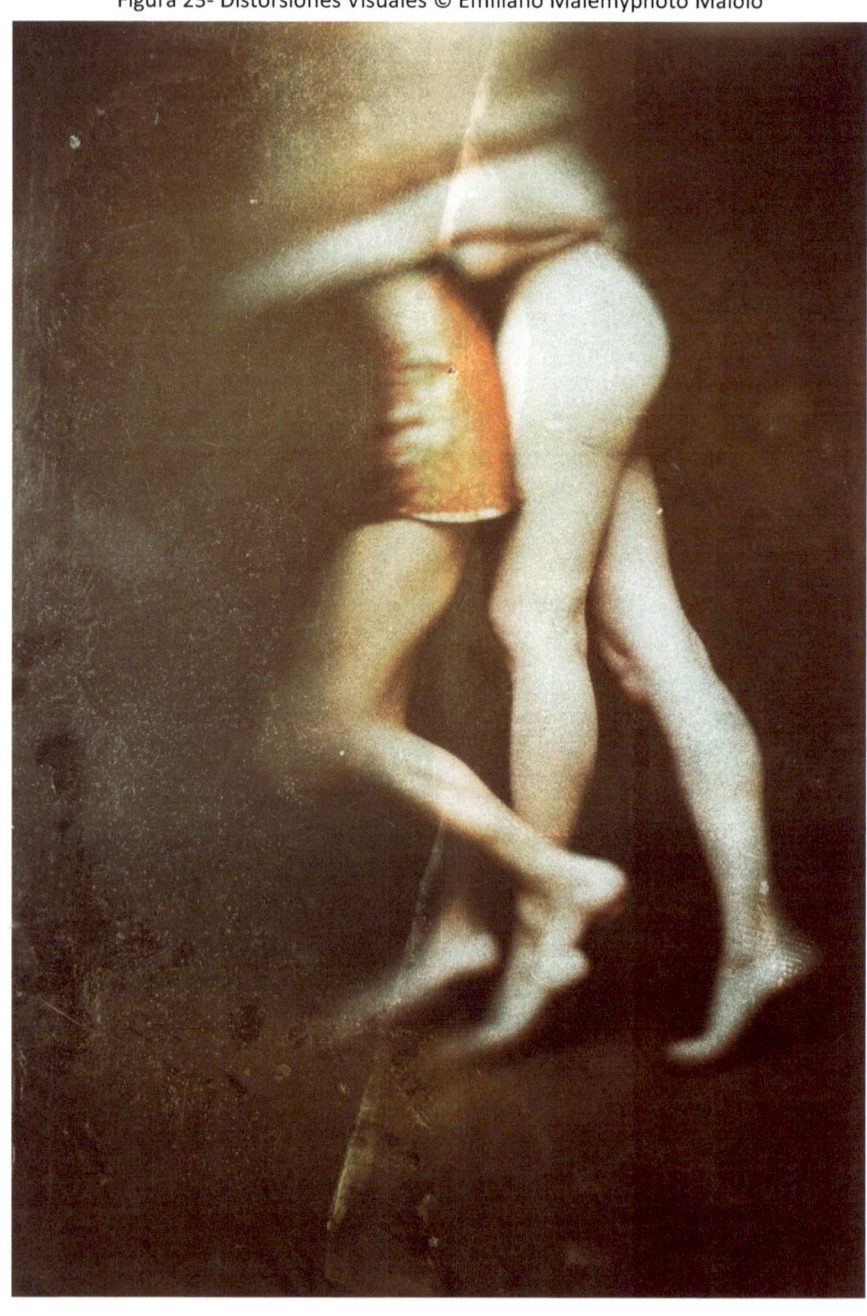

Figura 24- Distorsiones Visuales © Emiliano Maiemyphoto Maiolo

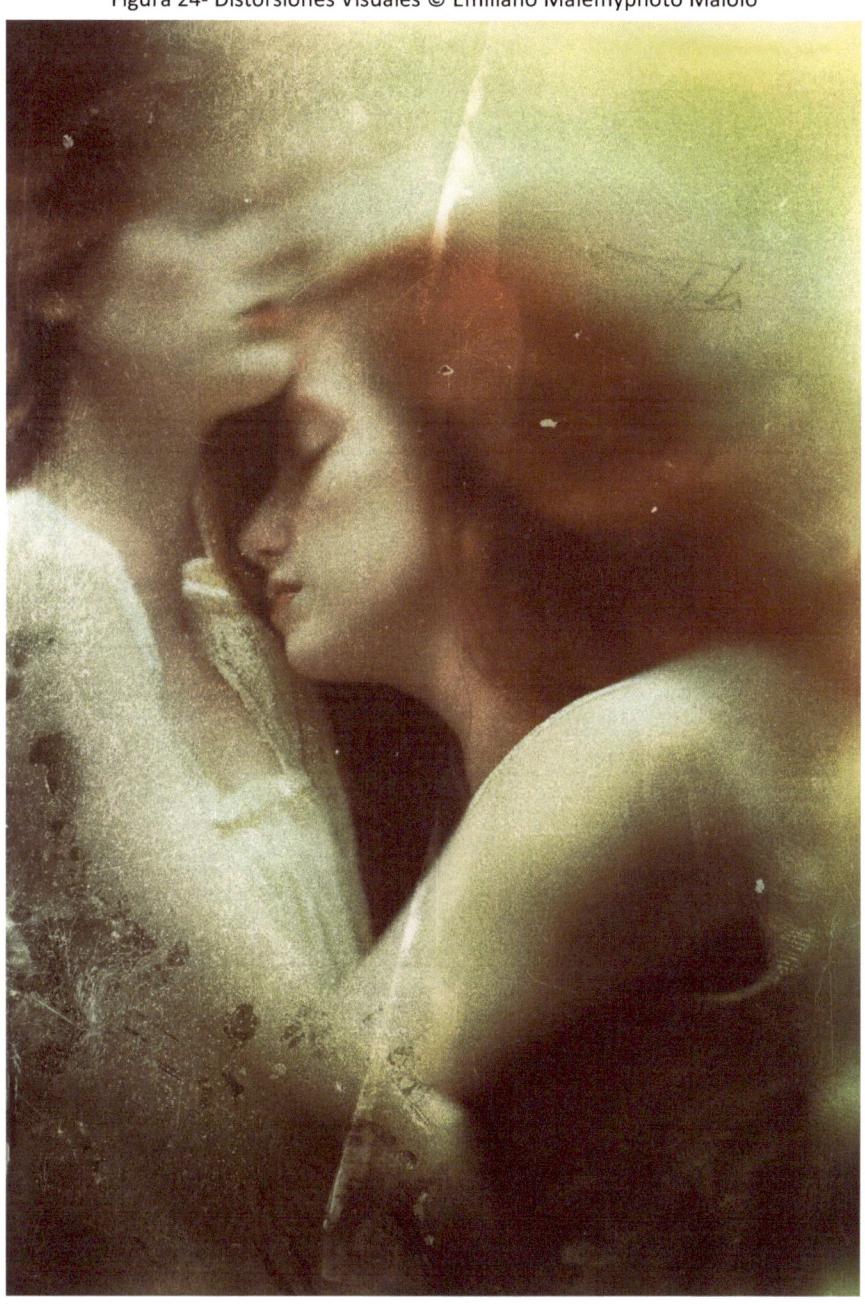

Figura 25- Distorsiones Visuales © Emiliano Maiemyphoto Maiolo

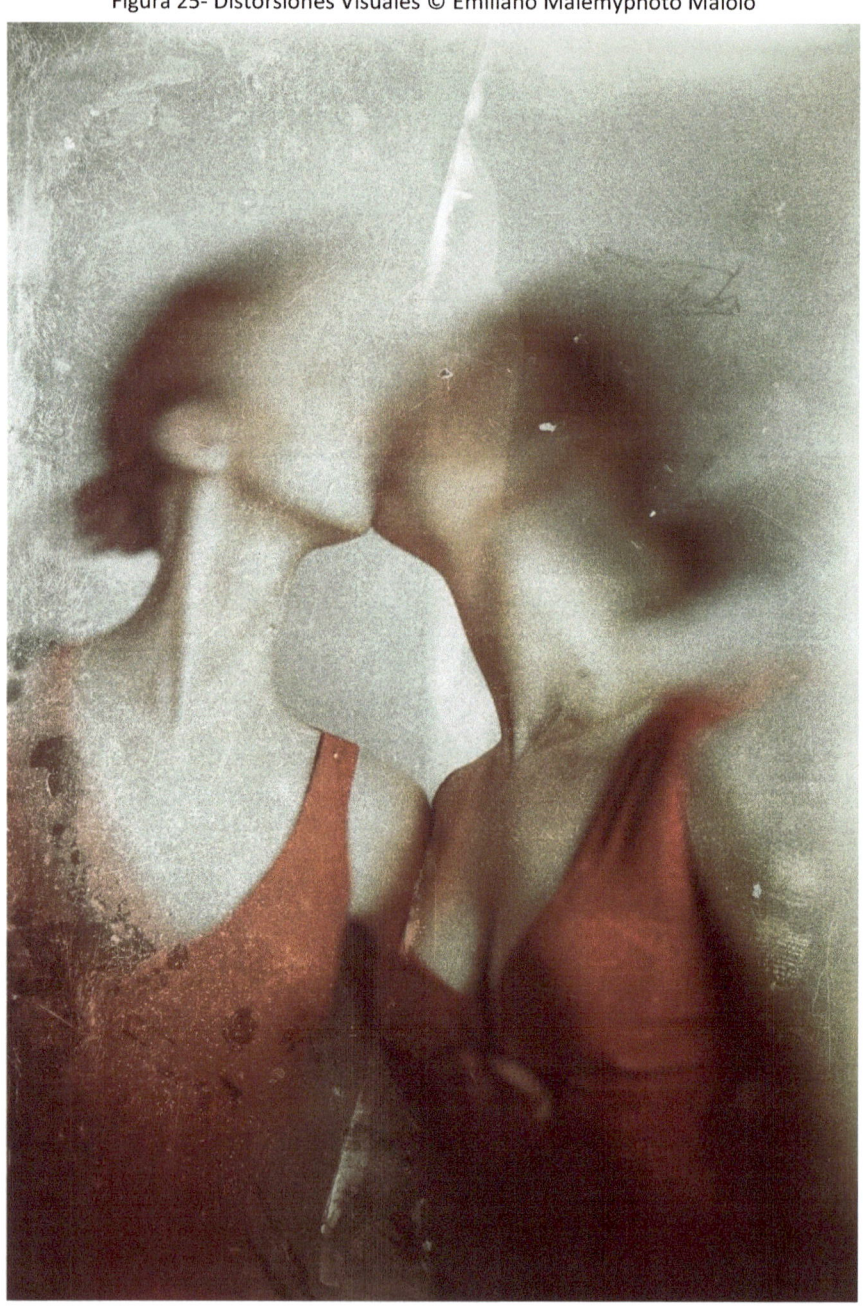

Figura 26- Distorsiones Visiuales © Emiliano Maiemyphoto Maiolo

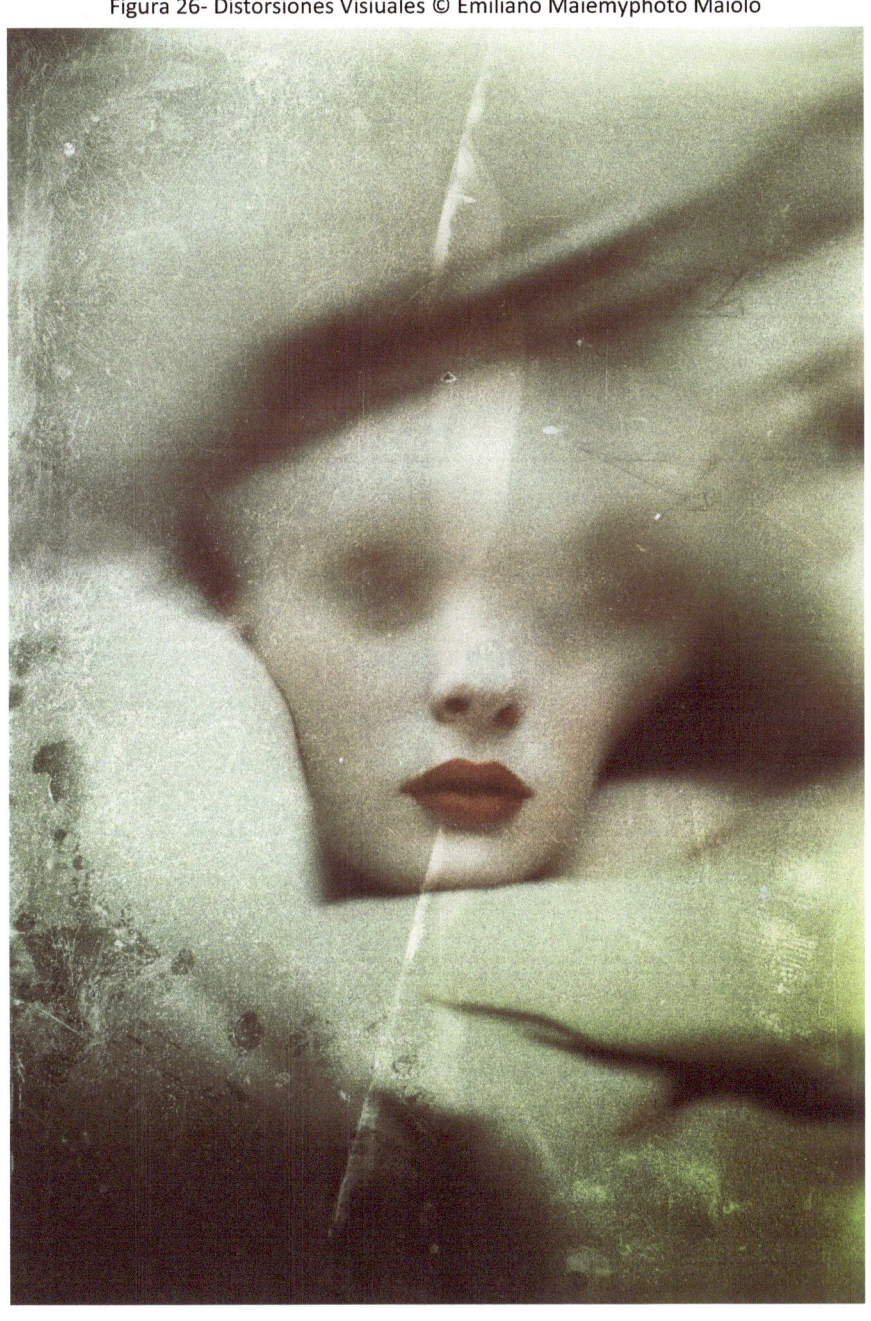

Figura 27- Distorsiones Visuales © Emiliano Maiemyphoto Maiolo

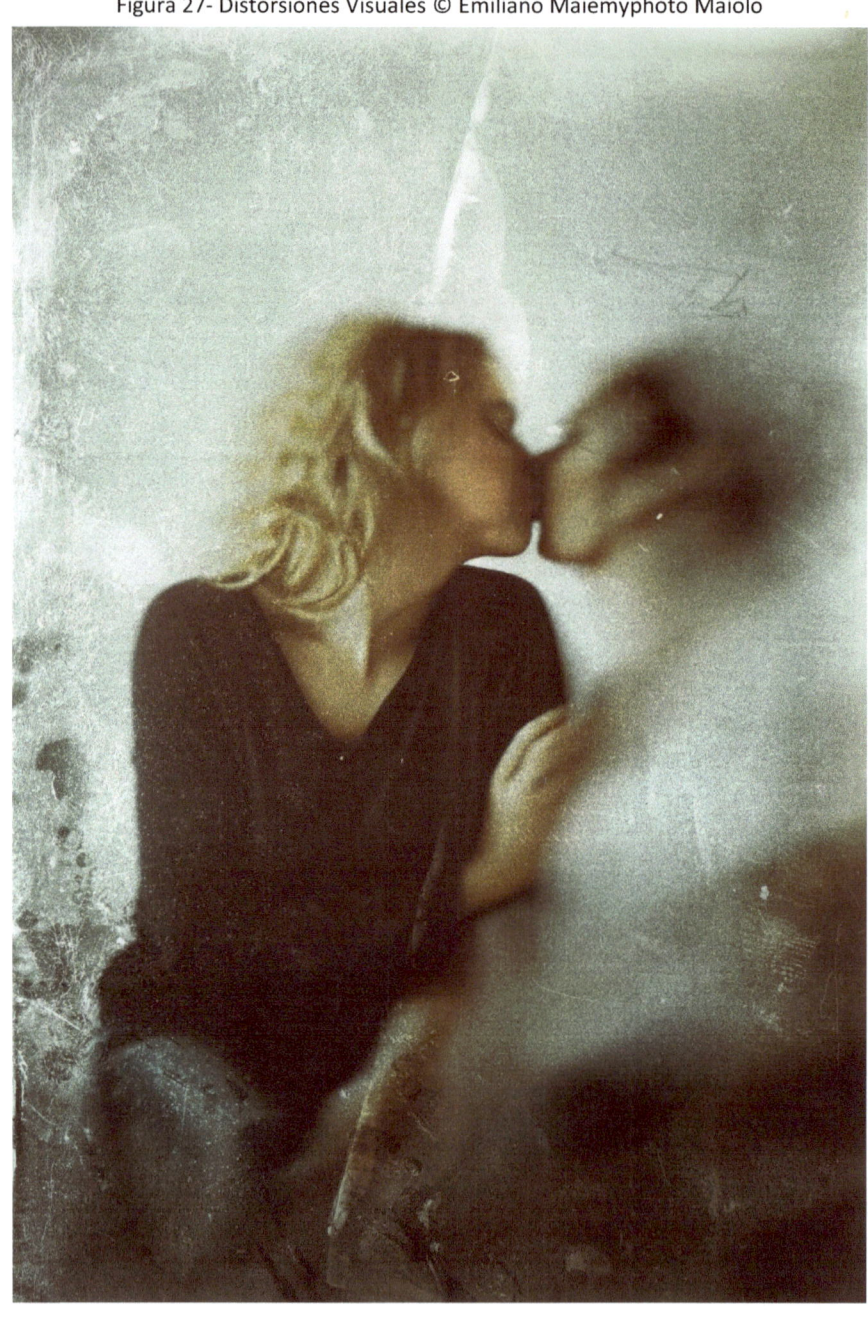

Agradecimientos

No creo que hubiera podido escribir este texto sin la fuerza que me han dado mis padres al criarme y al verlos superar las inmensas dificultades que la vida les ha puesto de frente; todavía hoy me pregunto cómo han podido hacerlo. También quiero agradecer a mi familia, mi esposa que me carga y me sostiene y a mis espléndidos hijos por los que lucho cada día de mi vida para darles un ejemplo sano y los cimientos que los puedan convertir en grandes hombres llenos de pasiones y energías.

También debo dar las gracias a la doctora Mariella Realmuto que en un momento particular de mi vida me ha ayudado y enseñado a afrontar las cosas de manera diferente partiendo de lo que tengo dentro y reconociendo cada parte de mí. Gracias al Dr. Riccardo Parrini que no solo ha apreciado desde el principio mi trabajo, sino que dedicó a este proyecto su precioso tiempo para estudiarlo y escribir el exhaustivo prefacio que habéis leído en este libro. Agradezco de corazón a Edy Scotti (@707sanuye), una persona especial en todo y llena de energía positiva que con su gesto me ha dado la fuerza para creer en mis imágenes, a ella siempre le estaré agradecido por lo que ha hecho por mí. Gracias a Sara Sonnessa y Stephanie (Rox) Rodríguez, dos mujeres maravillosas que no sólo han posado para mí, sino que han colaborado activamente en mis proyectos; con ellas he entablado una hermosa amistad. También a ellas les he hecho leer previamente el libro porque necesitaba su importante punto de vista. También la artista Sara Forte ha leído un avance de mi obra dándome importantes consejos y opiniones. Sus maravillosas obras y la pasión que pone en su trabajo fueron una fuente de inspiración para mí. Y, por último, pero no por ello menos importante, la fotógrafa Sara Moroni, con la que he estrechado una bella relación basada en un genuino intercambio artístico y gracias a su entusiasmo y la expresividad que aporta a la fotografía nos llevaron a colaborar, resultando en la portada de este libro.

Una vez más, mi agradecimiento a aquellos que creyeron en mí y se permitieron ser los sujetos de mi trabajo, comprendiendo la singularidad de mi viaje fotográfico.

Figura 28- Distorsiones Visuales © Emiliano Maiemyphoto Maiolo

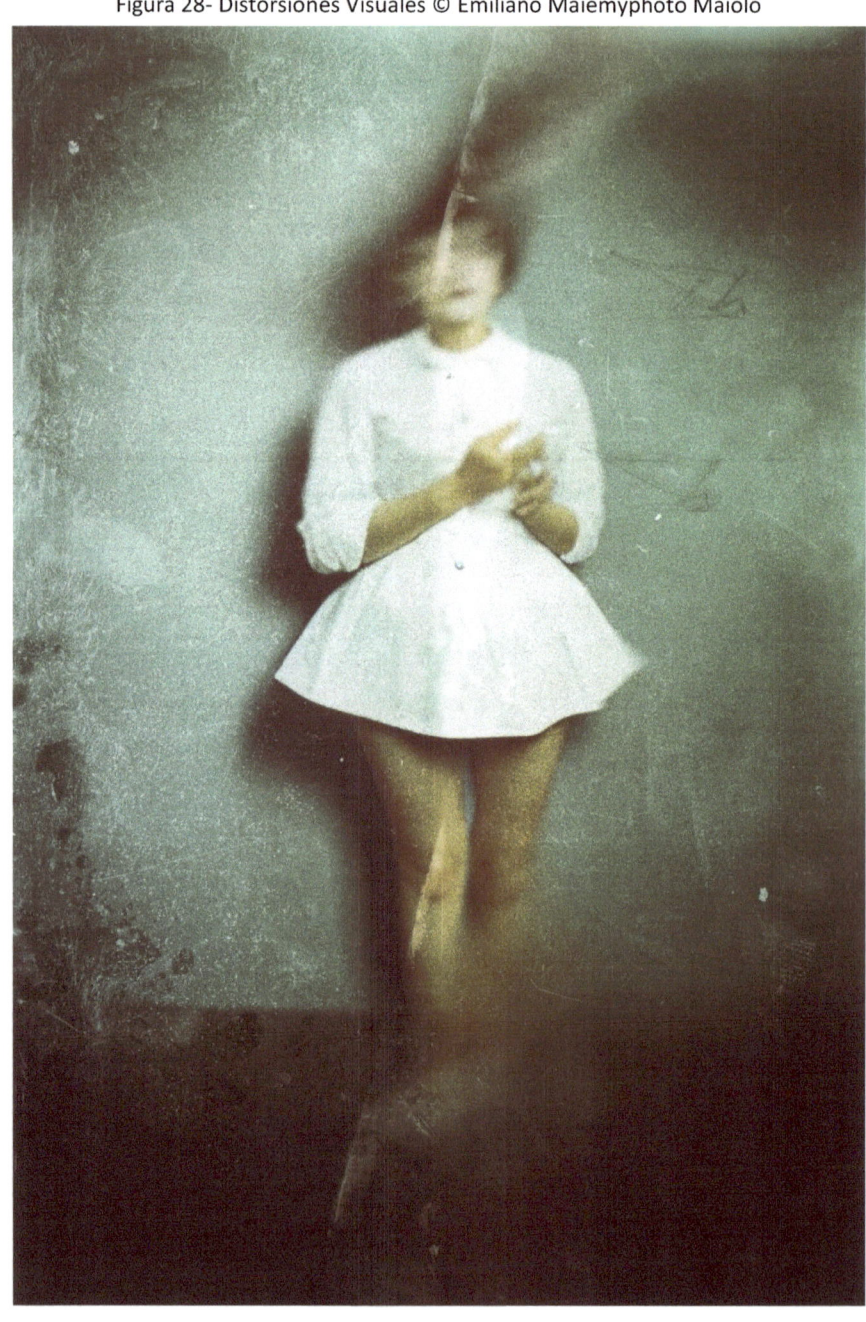

Figura 29- Distorsiones Visuales © Emiliano Maiemyphoto Maiolo

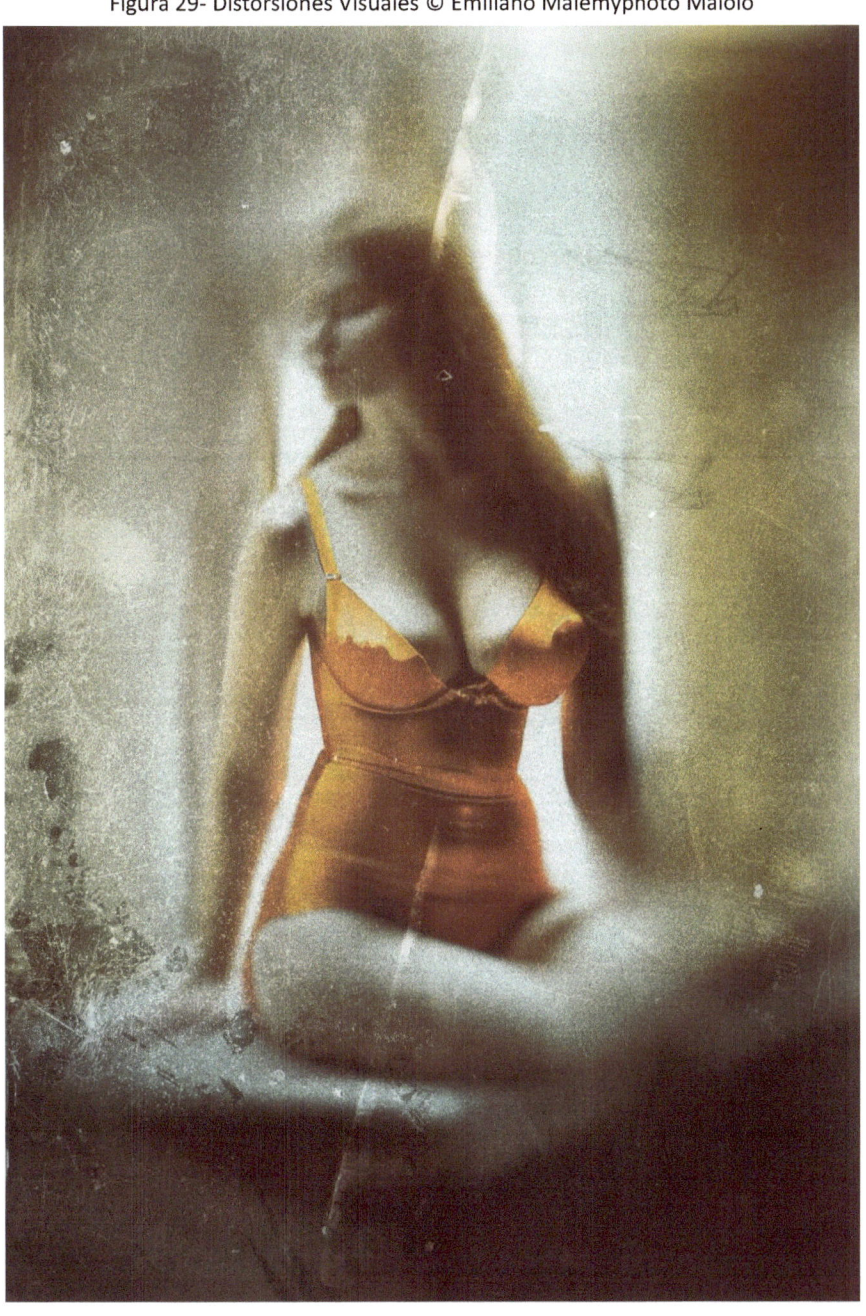

Figura 30- Distorsiones Visuales © Emiliano Maiemyphoto Maiolo

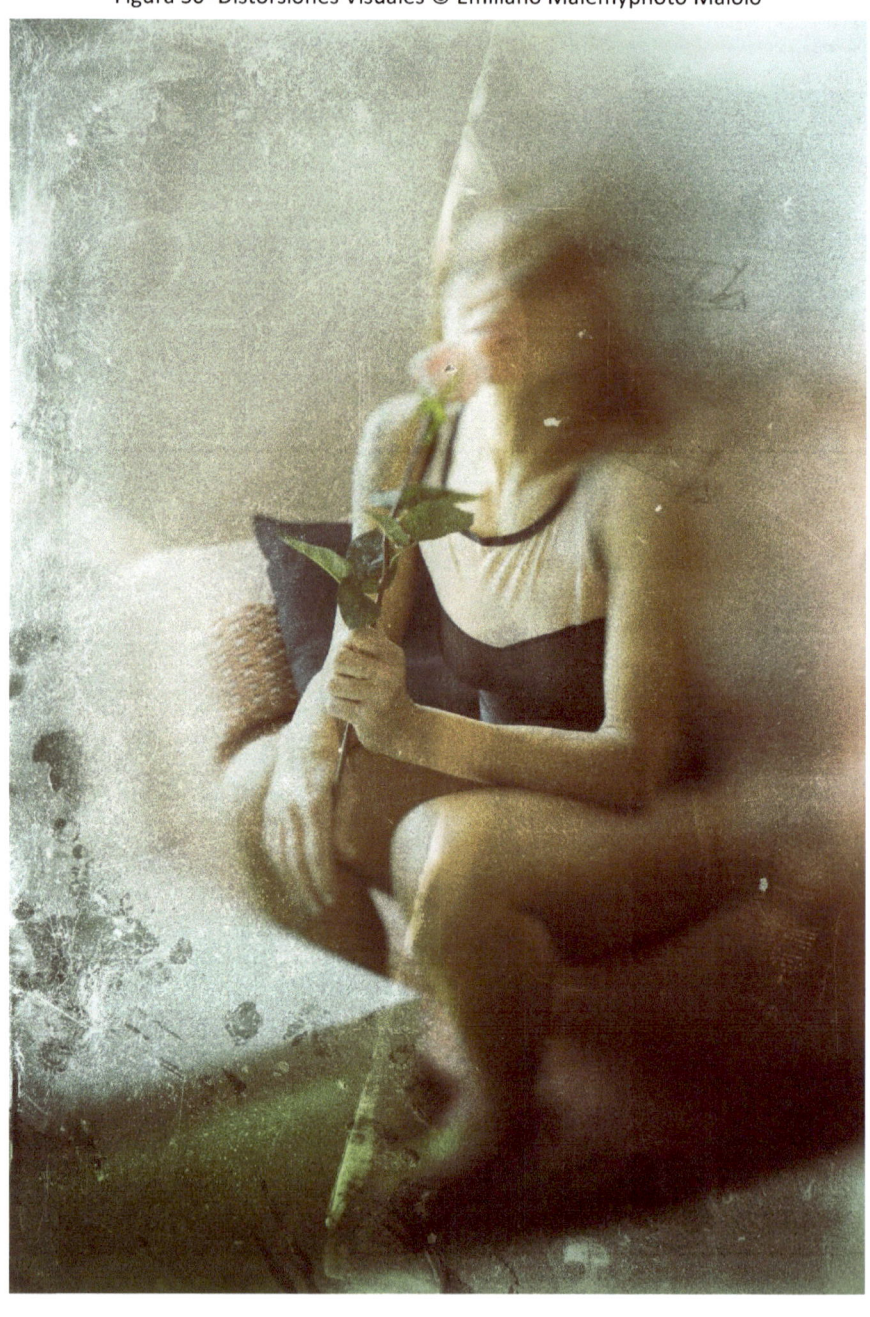

Sitio web oficial: https://www.maiemyphoto.com

NFT su: https://opensea.io/Maiemyphoto

IG: @Maiemyphoto

Distorsiones Visuales

di Emiliano Maiolo